정부가 할 수 있다는 착각
규제를 규제한다

도서출판 윤성사 108
규제를 규제한다
정부가 할 수 있다는 착각

초판 1쇄	2021년 5월 31일
2쇄	2021년 12월 15일

지 은 이	이혁우
그 림	이동진
펴 낸 이	정재훈
디 자 인	(주)디자인뜰

펴 낸 곳	도서출판 윤성사
주 소	서울특별시 서대문구 서소문로27, 충정리시온 409호
전 화	편집부_02)313-3814 / 영업부_02)313-3813 / 팩스_02)313-3812
전자우편	yspublish@daum.net
등 록	2017. 1. 23

ISBN 979-11-91503-16-6 (03350)
값 14,000원

ⓒ 이혁우, 2021

이 책의 전부 또는 일부 내용을 재사용하려면 반드시 사전에 저작권자와 도서출판 윤성사의 동의를 받아야 합니다.

잘못 만들어진 책은 구입하신 서점에서 교환 가능합니다.

이 저시는 2021학년도 배재대학교 교내학술 연구비 지원에 의하여 수행된 것입니다.

규제를 규제한다

이혁우

정부가 할 수 있다는 착각

도서출판 윤성사

프롤로그

정부가 할 수 있다는 착각

정부가 규제를 사용하는 것은 늘 성공적이지는 않다. 일시 성공한 것처럼 보이는 규제라도 시간이 지나면서 골치 아픈 천덕꾸러기가 되는 경우도 많다. 합리적으로 만들어진 규제는 사람들에게 긍정적인 인센티브를 줄 뿐만 아니라, 사회 전체로도 긍정적인 성과를 도출하는 데 기여하지만 불합리한 규제는 민간의 행동을 비효율적으로 이끌 뿐만 아니라, 사회적 자원의 왜곡을 가져오는 등 심각한 부작용을 초래하기도 한다.

어느 정부나 규제관리를 최우선의 국정과제로 삼아 꾸준히 추진해야 하는 것은 이 때문이다. 규제 중 불합리한 것, 불합리해진 것을 찾아 개선하는 것은 개인이나 기업, 그 외 다른 주체들의 삶을 좀 더 자유롭고 창의적으로 만들 수 있다. 그래서 정부는 합리적인 규제를 도입하는 것만큼이나 자기가 만들어 놓은 규제가 원래 의도대로 작동하고 있는지 끊임없이 확인해야 한다. 이런 노력에 소홀히 한 정부가 성공한 경우는 없다. 규제를 규제하는 정부만이 좋은 사회를 만들 수 있는 것이다.

사실 우리나라는 벌써부터 규제 우위의 사회였다. 규제의 합리성을 꼼꼼히 따지기보다, 필요하면 이것저것 규제를 만들어 대비해야 한다는 의견을 수용하는 시대가 됐다. 경제민주화로 기업 활동에까지 국가가 더 깊숙이 개입해야 한다는 때부터 조짐이 있었는데, 이제 그 변곡점을 넘어선 것 같다. 소득양극화, 세월호 사고, 부동산 문제와 같은 전 국민이 체감하는 이슈들이 제기될 때마다 그에 대한 해답은 새로운 규제의 도입이나 기존 규제를 강화하는 것이었다. 이렇게 국가·사회 운영의 추가 시장에서 국가로 기울어져 왔다. 대형 마트 휴무, 김영란법, 민식이법, 구하라법, 시간강사법, 불효자방지법, 김용균법 등등 개인의 자유 영역에 개입하는 규제법들이 급증하는 추세다.

정부가 국민을 괴롭히려 괜히 규제를 만들지는 않을 테니 당연히 이들 규제도 이유가 있다. 재래시장을 보호해야 하고, 과도한 청탁문화를 없애야 하며, 학교 앞에선 어린이 보호를 위해 당연히 저속으로 운전해야 하고, 공장에서 특히 비정규직 노동자는 보호받아야 한다. 선박은 당연히 안전성을 최우선으로 확보해야 하고, 작업장의 안전은 철저하게 보장돼야 한다. 대학교 강사가 너무 낮은 처우를 받아서도 안 된다. 이런 주장에 동의하지 않는 사람은 없을 거다. 그래서 사람들도 이런 규제들에 지지를 많이 보내는 것 같다.

그런데 문제를 해결하겠다고 도입한 규제가 문제 해결에 별로 도움이 안 되는 경우가 많다. 세상은 규제가 필요 없는 사람이 규제가 필요한 사람보다 훨씬 많다. 실제 한 반 학생들 중에도 야단을 맞아야 하는 학생은 극소수다. 그래서 몇몇 심각한 사고에 기대어 평균적인 일반인까지 같이 규제하는 법을 만들면, 불편함도 불편이지만 불가피하게 행정 처벌을 받아야 하는 사람이 많아질 수밖에 없다. 규제는 문제 해결도 중요하지만, 규제로 인해 새로운 불편과 부담을 감수해야 하는 사람들도 고려해서 만들어야 한다.

정부는 사람들이 생각하는 것만큼 규제를 잘 만들지도 못한다. 언제부턴가 사고가 나고 언론에서 관심을 갖기 시작하면 금방 규제 법안이 등장하고, 별 반대나 토론 없이 일사천리로 통과된다. 급히 만들어 내는 규제가 오히려 사람들을 피곤하게 만든 게 한두 번이 아니다. "해야 한다", "말아야 한다" 실랑이 속에 치밀한 분석과 논리는 사라지기 일쑤다. 규제로 영향을 받을 사람들 얘기를 충분히 듣지 않는 때도 있다. 규제를 만들면 사회 문제가 단번에 해결될 거고, 사람들도 규제를 당연히 지킬 거란 순진한 믿음이 정부와 국민에게 퍼져 있는 것 같다. 그런데 그게 아니다.

규제를 이해하려면 세상과 사람을 깊이 이해해야 한다. 세상은 복잡하다. 물건을 사고파는 거래만 이뤄지는 공간이 아니다. 만나고, 타협하고, 눙치고, 몰

정부가 할 수 있다는 착각
규제를 규제한다

라서 당하며, 그러면서도 만나야만 필요한 걸 해결할 수 있는 묘한 곳이 세상이다. 생판 모르는 사람을 만나, 자신에게 필요한 걸 얻어 내기 위해 위험을 감수해야 하는 곳이 세상이고, 그런 위험을 감수하지 않고서는 살 수 없는 것이 사람이다. 사람이란 단순히 생산만 하고 돈 버는 존재도 아니다. 양보하고, 어울린다. 이용하고, 이용당하기도 한다. 가까운 사람끼린 봐주고, 처음 보는 사람은 어려워한다. 친하다고 한두 번의 잘못은 넘어갈 수 있지만, 이용당했다는 생각이 들면 냉정하게 대하고, 거래를 끊어 버리기도 한다. 이게 다가 아니다. "그 사람 이상해"라는 평판이 곧 퍼지게 된다. 이런 식으로 사람들은 복잡한 세상 문제를 스스로 해결한다.

그래서 정부가 규제를 도입하려면, 사회에 문제가 있다는 것을 얘기하는 것만으로는 충분하지 않다. 사회 문제를 해결할 필요가 있다는 것과 규제가 필요하다는 것은 다른 문제이기 때문이다. 정부가 민간보다 문제 해결을 더 잘 할 수 없으면 규제를 도입하면 안 된다. 사회 문제를 그대로 두고, 사람들이 스스로 궁리해 해결하도록 기다리는 것이 맞다. 물론 정부도, 사람들 스스로도 해결하지 못하는 문제가 여전히 있을 수 있다. 이게 사회다. 우리가 사는 사회는 문제가 전혀 없는 곳도 아니고, 모든 문제를 완벽하게 해결할 수 있는 곳도 아니다. 온갖 골치 아픈, 풀리지 않는 문제들이 도처에서 우리와 함께 하는 것이 사회다. 그런데 정부가 이걸 잘 이해하고 있는지 의문이다.

물론 규제가 다 나쁜 것도 아니고, 규제가 다 필요 없다는 것도 아니다. 많은 사람이 모여 사는 공동체에는 규칙이 있어야 예측가능하고 안정적인 사회가 가능하다. 문제는 규제라는 규칙의 정도와 내용이다. 여덟 살 초등학생 1학년은 엄마가 아침부터 하루 종일 해야 할 일을 정해, 찻길 건너기, 선생님과 친구에게 인사하기, 어려운 친구 도와주기, 숙제하기, 학원 가기와 같은 온갖 규칙을 정해 준다. 스무 살 성인이 된 대학생에게는 이런 잔소리 규칙을 정해선 안 된다. 언제까지 엄마 품에 있어서는 스스로 돈을 벌어 자기 삶을 꾸려 나가는 성숙한 어른이 될 수 없어서다. 넘어지고 실패하고 스스로 교정하는 일은 궁극적으로는 개인의 몫이다.

그렇다면 우리나라 규제는 얼마나 우리 국민들을 어른으로 대하고 있는가. 이 책에서 소개하는 많은 사례는 국가가 국민을 어린아이로 대할 때, 그런 관점에서 규제를 만들 때 나타나는 혼란에 대한 것이다. 개인의 행복까지 국가가 책임지게 만들면, 엄마 품에 있는 아이의 편안함은 가질 수 있을지언정, 성숙한 개인의 출현은 어렵다. 힘들지만 넘어지고 깨지면서, 연대하고, 자율의 규칙을 만들어 지키는 것이 문제가 생길 때마다 확실한 대책이라며 정부가 끼어들어 규제를 만들어 지키라고 요구하는 것보다 낫다.

정부가 규제를 통한 문제 해결에 신중에 신중을 기해야 하는 것도 이 때문이다. 스스로를 책임지는 성숙한 어른들로 구성된 사회라면, 대체로 정부보다는 개인이 사회 문제 해결에 더 유능하다. 개인은 자기 문제에는 누구보다 민감하며, 해결책의 고안에도 창의적이고, 손해와 이익의 계산도 가장 잘 따져 보기 때문이다. 그래서 나는 개인의 자유, 시장의 자율적인 문제 해결을 믿는 편이다. 온통 문제 투성이인 사회지만, 획일적인 규제를 적용하기엔 개인 한 사람 한 사람의 형편이 너무나 달라서 섣부른 정부의 개입이 오히려 더 많은 불편을, 특권을 낳을 수도 있다.

사회에 대한 교정적인 시각에 서면, 사회는 온통 문제투성이다. 당장이라도 정부가 들어가 뜯어고쳐야 할 게 많다. 그런데 그렇지 않다. 사회는 가까이서 보면 문제투성이이지만, 멀리서 보면 꽤나 잘 돌아간다. 2층짜리 벽면을 가득 채운 그림을 가까이서 보면 온통 이상한 점과 화가가 잘못 실수로 찍은 듯한

정부가 할 수 있다는 착각
규제를 규제한다

선, 이해하지 못할 색의 부조화를 금방 잡아내지만, 한 30미터 떨어져서 보면 그렇게 그림이 예쁠 수가 없다.

사회도 마찬가지다. 정부는 사회라는 너무나도 큰 그림을 바로 앞에서 보고, 그때그때 점이 보이고, 선이 보이고, 색깔이 보일 때마다 팔레트를 들고 교정하려 해서는 안 된다. 이건 그림을 그린 화가를 분통 터지게 하는 일이다. 그림을 다 망쳐 버릴 테니까. 사회라는 큰 그림을 그린 화가는, 그 사회에 들어가 살고 있는 수많은 사람, 우리다. 그래서 이들 중 어떤 한 사람, 어떤 한 현상, 어떤 한 문제에 꽂혀서 더 예쁘게 고쳐 보겠다고 섣부르게 대들면 안 된다. 조화를 먼저 생각하고, 붓을 들 때 들더라도 조심하고 또 조심해야 한다.

2020년대, 걱정스런 규제의 시대가 본격화된 건 사실인 것 같다. 개인의 삶의 영역이 조금씩 더 좁아질 거라 조심스럽게 전망한다. 그리고 우리들은 자신의 삶의 영역이 줄어드는 줄 모르고 이런저런 규제를 도입하자는 데 동의를 보낼지도 모른다. 그래도 세월은 간다. '내 삶을 책임지는 국가'가 아니라, '내 삶에 책임지는 나 자신'이라는 소리가 공감을 얻을 수 있을 때, 다시 개인을, 시장을, 자율을 기대할 때가 올 거라 믿어 본다.

이 책을 통해 정부가 규제를 왜 조심하고, 또 조심해서 다뤄야 하는지를 이해하고 공감하는 사람이 많아질거란 바람을 가져본다. 우리 사회가 자유로우면서도, 자기 책임이 확실한 사람들로 채워진 성숙한 공동체가 되기 위한 제언이다.

어느 날 저녁, 윤지웅 교수님으로부터 전화가 왔다. 규제, 재정, 연구개발을 주제로 책을 써 보자는 제안이었다. 김태일 교수님의 구상이었다. 이 책, 규제를 내가 맡았다. 이 두 분의 제안이 아니었으면 머리에만 있었던 것이 글로 정리되지 않았을 것이다. 고마운 제안과 꼼꼼히 읽어 주신 김태일 교수님께 감사를 드린다.

초고를 던져뒀다 1년 만에 정리했다. 강영철 전 국무조정실 규제조정실장님 코멘트가 큰 도움이 됐다. 민간과 공공 영역을 두루 경험한 대선배님의 의견과 관심에 감사드린다. 말씀대로 최대한 재미있게 쓰려 사례도 넣고, 체계도 다시 다듬었다. 글을 쓸 때나 볼 때나 늘 과분한 평가를 해 주신, 같은 대학 김진국 교수님께도 특별히 감사드린다. 허중경 교수님은 대학 졸업하고 되는 것 없던 시절, 무심코 들어간 대학원에서 길을 잃지 않게 해 주신 귀한 분이다.

여기 있는 모든 글과 아이디어는 궁극적으로는 은사인 최병선 교수님께 배운 것들이다. 2005년, 논문 주제도 못 잡고 있을 무렵이었다. 박사 마지막 학기에, 남들은 이미 다 들은 선생님의 석사 수업을 지각으로 수강했었다. 그때부터 시작됐다. 최병선처럼 생각해 보기. 규제를 놓고 벌어지는 세상의 수많은 게임들이 재미있었다. 이걸 볼 수 있는 지도도, 나침반도 주신 선생님께 한없는 감사를 드린다.

가장 가까운 동료이자 친구 유선욱에 감사한다. 내가 맘 편히 기대는 유일한 사람이다. 시간 지나면 걱정은 해결된다는 것, 힘들 땐 잊고 살면 된다는 것, 어려웠을 땐 산에나 다니라며 등산화를 사주며 격려해 줬다. 동진, 수현, 동엽, 10년쯤 지나 아빠 책에서 자기 이름을 발견하는 기쁨을 주고 싶다. 더불어 양가 부모님께 감사드린다.

인생의 모든 일은 계획이 아닌 우연과 운에서 시작된다. 나는 운이 좋은 사람이다. 규제를 연구한 것도 우연한 일이었고, 이 분야에서 나름 글을 쓸 수 있었던 것도, 나를 믿고 기회를 주신 한국규제학회를 중심으로 한 규제학계의 많은 선생님, 선배님이 계셨기 때문이다. 더불어 책 출간을 선뜻 맡아주신 윤성사의 정재훈 대표님께도 감사드린다.

목차

| 프롤로그 | 정부가 할 수 있다는 착각　　　　　　　　　　　5

제1장
규제, 이렇게 만들어진다_ 17

1. 쏟아져 나오는 규제, 너무 많다 　　　　　　　19
　폭주하는 규제입법　　　　　　　　　　　　　　19
　불편한 규제, 더딘 개선　　　　　　　　　　　　23

2. 국회에는 규제심사가 없다 　　　　　　　　　28
　교통사고, 어린이 보호는 중요하다　　　　　　　28
　초스피드 규제가 가능했던 이유　　　　　　　　31
　반드시 따져 봤어야 했던 것들　　　　　　　　　34

3. 맘대로 절차 적용도 문제다 　　　　　　　　37
　인증제도 개선의 복잡성　　　　　　　　　　　　37
　공청회와 중소기업 영향분석 패싱　　　　　　　39
　규제 도입, 사전에 챙기지 못한 것　　　　　　　41

4. 왜 규제를 규제해야 하나 　　　　　　　　　44
　민식이법과 전안법의 교훈　　　　　　　　　　　44
　막걸리 풍년시대의 교훈　　　　　　　　　　　　46
　규제는 방 안의 코끼리　　　　　　　　　　　　49

제2장
규제, 의도대로 작동되나_ 53

1. 규제는 완전하지 않다 55
- 가설로서의 규제 55
- 규제가 불완전한 경우 57
- 선스타인이 말하는 규제 역설 61

2. 규제의 천태만상, 불편한 진실 65
- 부동산 가격 폭등, 규제로는 잡기 어렵다 65
- 시간강사법, 강사도 힘들고 학문도 망가뜨린다 70
- 중소기업 고유업종, 허약한 스몰 챔피언 양산 75
- 세월호 참사, 과연 배가 오래돼서 그런가 79
- 블라인드 채용, 대학교수까지도 해야 하나 83
- 인증, 왜 트럭과 지게차를 합칠 수 없었나 88
- 사회적 기업, 이 좋은 걸 왜 안 하려 할까 92
- 김영란법, 개인에 대한 국가 개입의 한계는? 97
- 농수산물 거래, 국가가 만든 유통 장벽 101

3. 4차 산업혁명을 막는 규제 106
- 대형 마트, 규제 대상일까 보호 대상일까 106
- 게임 규제, 가정에서 할 일을 국가가? 110
- '타다,' 네거티브 규제가 필요한 이유 113
- 공유숙박, 혁신을 지체하는 칸막이 규제 118

제3장
규제, 불합리한데 왜 지속되나_ 123

1. 모든 문제를 해결하려 한다   125
    문제라 하면 문제가 된다   125
    문제 없는 세상은 없다   126
    문제와 문제 해결은 다르다   128

2. 확실히 해결할 수 있다는 과신   133
    복잡성과 인과성에 대한 혼동   133
    위험 가능성에 대한 원천 봉쇄   136
    규제하면 안전할 수 있다는 착각   139
    완전한 게 완전한 게 아니다   142

3. 규제, 획일적일 수밖에 없다   145

4. 규제개혁은 계속되는 과정이다   150
    습관은 시간이 걸린다   150
    규제개혁의 덧셈 법칙, 곱셈 법칙   152
    규제개혁은 규제개혁의 원인이다   155

제4장
그래도 규제, 이렇게 해보자_ 159

1. 규제는 여전히, 앞으로도 필요하다   161

목차

드론 택시, 아직 없는 이유	161
규제는 사회 존속의 방파제	163
2. 규제관리에 대한 흔한 오해	**167**
특혜를 주기 위한 게 아니다	167
효과가 없는게 아니다	171
'착한 규제'는 없다	175
3. 규제개혁엔 유능한 관료가 필요하다	**179**
관료는 규제개혁의 핵심 주체다	179
관료의 책임 회피, 이유 있다	181
일선관료의 행태 변화가 시급하다	184
4. 규제의 품질을 관리하자	**187**
규제 말고 다른 수단도 많다	187
법적 근거가 없거나 모호한 규제는 하지 말자	190
규제설계, 자유를 더 보장하자	194
차별성을 반영해 유연하게 하자	198
알고 있는 것만 규제하자	201
할 수 있는 것만 규제하자	205
규제 집행, 예산을 마련하자	207
5. 규제관리의 개혁을 원한다	**210**
규제관리의 사각지대를 메우자	210
규제관리의 독립성과 전문성을 강화하자	213

규제 칸막이를 철폐하자	216
규제 애로, 적극적으로 듣자	220
AI시대, 혁신적인 규제관리를 하자	223

| 에필로그 | 민간의 문제 해결을 믿어야 한다   228

규제를 규제한다

1. 쏟아져 나오는 규제, 너무 많다   2. 국회에는 규제심사가 없다

1 / 규제, 이렇게 만들어진다

3. 맘대로 절차 적용도 문제다   4. 왜 규제를 규제해야 하나

1

쏟아져 나오는 규제, 너무 많다

■ 폭주하는 규제입법

2019년 봄은 어느 해보다 미세먼지가 심했다. 거의 한 달 동안 푸른 하늘이 사라졌다. 미세먼지 마스크 제조업체인 케이엠은 2018년 전체 매출 55억 원을 2019년 1월에서 3월 사이에 넘겨 버렸다. 이 때문일까? 2019년 7월 11일, 국회의안정보시스템에 탑재된 미세먼지 관련 의안은 19개인데 이 중 12개가 2019년 들어 제안됐다. 2018년 하반기에 제안된 것이 4개이니 불과 1년 만에 미세먼지 의안이 쏟아진 것이다. 이들 대부분은 규제 도입을 전제로 한 것이다. 강병원 의원이 대표 발의한 미세먼지의 저감 및 관리에 관한 특별법안을 보면, 제19조에서 제21조에 걸쳐 환경부 장관 또는 시·도지사는 승용자동차의 2부제 운행 또는 공공기관이 운영하는 배출시설의 조업 시간 변경이나 단축 등의 긴급 조치를 명할 수 있는 근거를 마련하고 있다. 이런 규제가 만들어지면 미세먼지가 짙은 날엔 공장의 조업도, 승용차의 운행도 영향을 받게 된다.

국회는 국민과 언론의 관심이 높아진 문제에 즉각적으로 나서는 경향이 있다. 선거로 당선되는 국회의원에게 무엇보다 중요한 것은 좋은 평판을 유지하는 것이다. 되도록 유권자를 불편하게 하지 말아야 할 뿐만 아니라 자신을 뽑아 주는 유권자가 원하는, 이들이 요구하는 이해를 반영하기 위해 노력해야 한다. 규제에 대한 접근도 마찬가지다. 이들이 국민에게 인기가 있는 규제를 도입하기 위한 법률을 수립하는 것에 경쟁적으로 나서는 장면은 어제오늘 본 것이 아니다. 특히 국민이 관심이 높은, 그래서 법률을 도입할 때 자신의 존재가 크게 부각될 수 있는 사안에 대해서는 단기간에 입법안이 쏟아져 나온다. 반면 국민에 인기가 없거나, 국회의원 자신의 이해에 반하는 법률안은 어떤 정치적 계기가 있기 전에는 쉽게 도입되지 않는다.

규제 법률의 형성 과정에서 국회의원은 흥미로운 특징을 보이는데, 그것은 법률안이 추구하는 목적을 특별히 강조한다는 점이다. 미세먼지 문제의 해결은 당면한 과제이고 상당수의 국민이 국회가 어떻게 대응하는지 지켜보고 있다. 이런 상황에서 국회의원은 법률안을 제안해 미세먼지 문제가 해결될 수 있을 것이라 말해야 할 것이다. 미세먼지 문제에 국회는 손 놓지 않고 있으며, 무언가 적극적인 조치를 취하고 있고, 그 결과 법률안을 만들었다고 밝히는 것이다. 승용자동차의 2부제, 공공기관 배출시설의 조업 시간 변경이나 단축 등의 규제 조치를 통해 미세먼지 문제에 적절히 대응할 수 있을 것으로 말하는 것이다.

 그런데 실제 법률안을 도입했을 때 어떤 효과가 나타날지는 사전적으로 짐작하기 힘든 복잡한 문제다. 미세먼지가 짙다고 해서, 국회가 이에 대응하기 위한 법률을 제정해, 이를 근거로 규제를 만들어 적용한다 해서 단기간에 미세먼지가 사라지지 않을 수도 있다. 공장 내 작업장 안전사고를 방지하기 위해 무수한 법률을 만들어도 안전사고를 실질적으로 감소시키는 것은 어려운 일이다. 법률 제정만으로 문제를 해결할 수만 있다면 우리 사회의 무수한 문제들이 이렇게 골치 아프게 남아 있지도 않을 것이다. 전 국토를 뒤덮은 미세먼지에 대응한다며 승용차 2부제를 강하게 추진한다 해도, 미세먼지 발생 원인 중 아주 일부만 관리하는 것이 돼, 실제 미세먼지 저감 효과는 거의 없는 반면 국민의 불편은 엄청나게 커질 수도 있다.

 물론 국회의원은 이런 효과를 미리 알 수도, 모를 수도 있다. 그러나 이들에게는 문제를 해결하는 것도 중요하지만 미세먼지라는 사회 문제가 불거져 모든 국민이 관심을 갖는 바로 그 순간, 적시에 이에 대응하는 법률안을 제안한다는 것이 더 중요하다. 국회 정론관, 기자들 앞에서 미세먼지란 골칫거리에 맞서 싸운다는 이미지를 만들 수 있기 때문이다. 어쩌면 국회의원에게는 법률안이 실제로 사회 문제 해결에 기여하든 하지 못하든, 사회 문제를 놓고 무언가를 하고 있다는 모습을 보여주는 것이 훨씬 더 중요한 문제일 수 있다. 이것이 국회에서 매년 수천 건의 법안이 새롭게 발의되는 숨어 있는 이유일 수도 있다.

 국회의안정보시스템에 따르면, 2000년대 이후 우리나라 국회에서 국회의원이 발의한 법률 건수는 16대(2000~2004) 1,651건, 17대(2004~2008)

5,728건, 18대(2008~2012) 11,191건, 19대(2012~2016) 15,444건, 20대(2016~2020) 21,594건이더니 2020년 5월 30일부터 시작한 21대 국회는 불과 6개월 만에 6,303건에 이르는 등 폭발적으로 증가하고 있다. 2019년 12월, 한국경영자총연합회, 중견기업연합회, 현대경제연구원 등 19개 산업계 단체와 연구기관이 개최한 세미나에서는 우리나라 20대 국회와 같은 시기 주요국의 법률안 가결 건수를 비교했다. 우리나라에서는 1,705건이 통과돼 가결률이 28.3%에 이르는데 비해, 미국은 221건이 통과돼 3.3%, 영국은 36건이 통과돼 20.4%, 일본은 84건이 통과돼 39.9%의 가결률을 보였다. 우리나라가 발의 건수 및 실제 입법 건수에서도 압도적으로 높다. 이들 상당수는 규제 법안으로, 정부가 규제 개선을 아무리 해도, 다시 새로운 규제가 산더미처럼 생겨나는 상황임을 알 수 있다.

주요국 법안 처리 현황

(단위: 건, %)

국가	임기	법안	가결률	연평균 가결 건수
한국	20대 국회	23,048	28.3	1,705
미국	115대 국회	13,556	3.3	221
영국	2010~2015년	890	20.4	26
일본	3차 아베 내각	626	39.9	84

출처: 서울경제신문, 2019.11.19.

이렇게 국회에서 발의되는 법안들은 사회 문제를 적절하게 해결하는 데 도움이 되는 경우도 있지만 그 내용이 설익어 문제에 적절히 대응하는 데 적절하지 않은 경우도 많다. 2020년 3월 24일 KBS의 국회감시 프로젝트K 의 보도를 보면, 20대 국회 상임위원회 법안심사 소위에서 법안 한 건당 평균 9분만 심사를 한 것으로 돼 있다. 법안소위에 상정된 법안은 12,533건이나 되는데, 이를 심의할 소위의 개최 시간은 1,847분 16초에 불과했기 때문이다. 실제 국회의원의 부실한 입법 행태는 자주 지적되는 것으로, 국민이나 언론으로부터 한두 번의 관심을 받은 이후이거나, 시민단체나 국회의 법안 발의 실적 평가를 위해 발의된 법률안은 그것을 발의한 국회의원조차 잘 챙기지 않은 경우도 있다. 국회의원 중 자신의 이름으로 발의한 법률안을 끝까지 소신을 갖고 챙겨 입법까지 이른 경우가 종종 뉴스 화제가 되는 것도 이를 방증한다.

이 때문인지 제20대 국회 위헌·헌법불합치 법률 정비 현황에 따르면, 헌법재판소에서 위헌성 결정이 나는 법률은 1988년 9월 1일, 헌법재판소 개소 이래 2020년 5월까지, 위헌법률심판 처리 사건 944건 중 391건, 41.4%가 위헌성이 있는 것으로 나타났다. 헌법소원에 대한 위헌 판결이 3.6%에 불과하다는 점을 고려하면 국회의 이례적인 입법생산성이 얼마나 문제인지 알 수 있다.

■ 불편한 규제, 더딘 개선

양재역 바로 뒤, 양재천 쪽 말죽거리 공원엔 공원 내 토지 소유주들이 내다 건 현수막이 나붙어 있다. 강남 개발이 언제부턴지 모르겠는데, 주변 땅

출처: 현대HCN, 뉴스와이드, 2919.6.12.

장기 미집행 도시계획시설에 항의하기 위해 말죽거리 공원에 붙여진 현수막

값이 수직 상승하는 동안 40년이 넘게 재산권 사용이 제한됐기 때문이다. 1999년 10월, 헌법재판소는 이렇게 국가가 도시계획시설을 지정해 놓고 오랫동안 집행하지 않으면 위헌이라고 판결하기도 했다.

  장기 미집행 도시계획시설이란 이처럼 국가가 도시계획을 통해 재산권의 자유로운 사용을 제한해 놓고, 오랫동안 아무런 행위를 하지 않고 있는 것을 말한다. 도로와 공원 건설 등 공공성을 가진 용도에 활용하기 위해 국가는 도시계획을 통해 개발제한구역, 도로와 공원지구 등을 결정한다. 이런 결정이 내려지면 해당 지역에서는 개발행위가 불가능해지고, 사유재산에 큰 제약이 생긴다. 주변이 개발로 땅값이 올라가도, 바로 옆에 있는 도로, 공원지구는 이런 일이 발생하지 않는다. 오히려 땅값이 떨어질 수도 있다.

2018년 제주도에만 이런 장기 미집행 도시계획시설이 1,199개소에 1,325만 7,000㎡에 달한다. 자연보호의 가치를 가진 환경단체나 산책할 공원 확대를 원하는 국민들은 국가가 개인의 사유지에 제한을 가하는 것이 공익을 위해 타당한 것으로 생각할 것이다. 그러나 장기 미집행 도시계획지구 내 자신의 땅이 있는 사람에겐 국가가 수용도 하지 않은 채 수십 년간 개발이 불가능하게 묶어 놓은 이런 정부 규제가 매우 부당할 수 밖에 없다. 바로 옆 땅주인은 개발에 따른 재산권 행사로 큰 이익을 누렸는데, 나만 그대로인 상황을 쉽게 받아들이라 하거나, 받아들일 수 있다고 생각하는 건 쉽지 않은 일이다.

    공익과 사익의 균형이 중요하다지만, 개인의 재산을 국가가 개발 명목으로 수십 년간 규제해 놓는다는 것은 누구라도 받아들이기 힘들 것이다. 도시계획시설 지정 당시엔 타당했다 하더라도, 상당한 시간이 지나면 지정 해제나 재산권 제한의 완화, 혹은 적절한 보상 방법을 고려하는 것이 맞다. 그런데 이런 일은 잘 일어나지 않는다. 주변의 불합리한 규제는 끊임없는 문제 제기에도 불구하고 고쳐지지 않고 오래 지속되는 경우가 많다.

    규제 연령이라는 게 있다. 규제도 나이가 먹을 테니, 만들어진 지 얼마나 됐나 하는 것이다. 2014년, 규제개혁위원회의 경제 규제 2,885개를 분석했다. 규제 연령이 생각보다 높았다. 만들어진 지 30년 이상 된 규제가 298개로 10.3%나 됐다. 10년에서 20년 된 규제도 951개로 33.0%에 이르렀다. 시행 당시에는 아무리 타당한 규제였다 하더라도 이 정도 시간이면, 제대로 작동될지 의문이다. 참고로 30년 전, 우리나라 1인당 국민소득은 2,300달러로 유선전화를 쓰던 때였다. 10년 전만 해도, 1인당 국민소득이 2만 달러가 안 되던 시기로 스마트폰이 막 보급되기 시작했다. 2020년, 1인당 국민소득은 3만 1,755달러가 됐고, 스마트폰의 최전성기에 있다. 우리나라가 규제 연령이 높은 이런 사정은 지금도 마찬가지일 거라 생각한다.

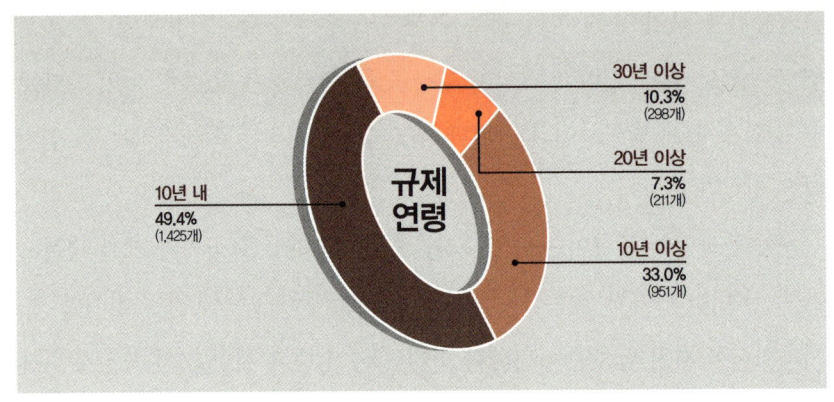

출처: 규제개혁장관회의 발표자료(2014.3.20).

규제개혁위원회 주된 경제 규제 2,885개 분석(2014. 3. 17 기준)

그래서 정부는 규제 개선에 민첩해야 한다. 규제 개선에 소홀한 국가는 성공하는 공동체를 만들 수 없다. 온통 불편한 규제를 지키느라 고생을 하고, 애써 생각한 참신한 생각들이 시도조차 할 수 없는 사회에선 미래를 위한 준비도 어렵다. 정부는 1998년부터 규제개혁위원회를 설치해 규제관리를 해 왔다. 유감스러운 사실은 이런 꾸준한 노력에도 불구하고, 우리나라 규제개혁 성과는 그리 높지 않다. 2018년, 5년 주기로 발표되는 OECD 상품시장 규제지수(Product Market Regulation: PMR)는 1.69로 34개 회원국 중 다섯 번째로 높았다. 2020년, 세계경제포럼(World Economic Forum)의 결과는 87위로 더 심각하다. 특히 서비스업과 네트워크 및 무역·투자 분야의 진입 규제 강도가 높은 것으로 나타났다. 정부가 한다고 하지만, 우리나라에선 불편한 규제가 너무 더디게 해소되고 있는 것이다.

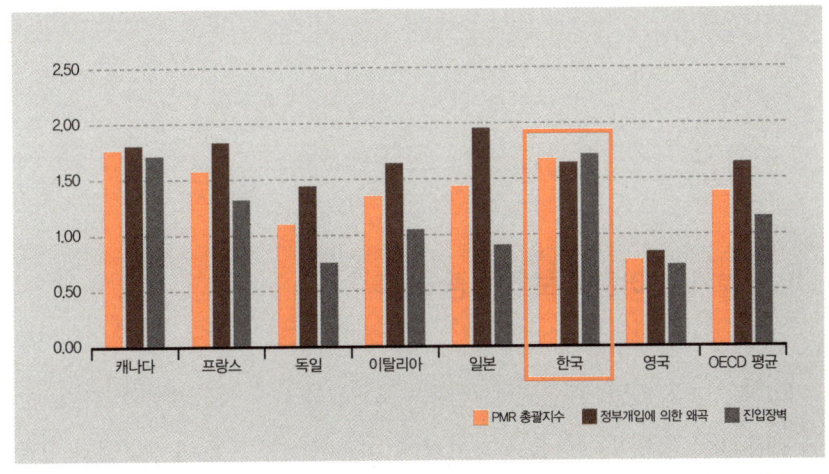

경쟁국가보다 높은 규제강도와 부담

2
국회에는
규제심사가 없다

■ 교통사고, 어린이 보호는 중요하다

　2019년 12월 10일, 대한민국 국회는 도로교통법과 특정범죄가중처벌 등에 관한 법률 일부 개정안을 통과시켰다. 어린이 보호구역 내 신호등과 과속단속 카메라 설치, 과속방지턱 및 속도 제한·안전표지 설치를 의무화하고, 이 구역 내에서 안전 의무를 위반하거나 시속 30km를 초과해 운전하다 사고를 내 13세 미만의 어린이가 사망하거나 다치면 가중 처벌하는 규제다. 형량이 상당해서 사망사고에는 무기 또는 3년 이상의 징역형, 다친 경우 500만 원에서 3천만 원의 벌금이나 1년에서 15년의 징역형이 부과된다. 이 법은 2020년 3월 25일부터 시행돼 적용되고 있다. 민식이법 얘기다.
　민식이가 교통사고로 안타깝게 목숨을 잃은 날은 2019년 9월 11일이다.

강훈식 의원의 대표 발의는 10월 11일에 이뤄졌고, 이명수 의원 대표 발의안도 나흘 후인 10월 15일에 나왔다. 한 달여 후 11월 19일, 대통령과 함께한 국민과의 대화에서 민식이 부모는 민식이 영정을 들고 1호 질문자로 나서 어린이 교통사고 방지의 필요성을 호소하기도 했고, 대통령은 국회와 협력해 민식이법이 통과되도록 노력하겠다고 응답했다. 이 법은 청와대 국민청원으로 27만 명의 동의를 얻은 민생법안이었다. 사고 후 두 달 정도가 지난 시점이었다.

 국민과의 대화 이후, 민식이법이 국회를 통과하는 데는 한 달도 걸리지 않았다. 민식이의 가슴 아픈 죽음에 대한 사회적 공감이 컸고, 아이를 키우는 부모들의 학교 앞 어린이 보호구역 내의 안전 조치 강화에 대한 지지도 있었다. 선거법을 두고 벌인 여야의 정쟁에 민식이법 통과가 불확실해지자, 민식이 부모는 다시 기자회견을 하면서까지 이 법의 통과를 호소했다. 이런 과정을 거쳐 10월 11일 발의된 법률안은 11월 21일 국회 행정안전위원회 법안소위 통과, 11월 29일 국회법제사법위원회를 통과해 12월 10일 본회의에서 의결된 것이다. 발의된 지 불과 두 달 만의 일이다. 법률 하나 만드는 데 수개월에서 수년도 걸리기도 하는 국회의 입법 관례에 비춰 보면 매우 이례적인 광경이었다. 시행이 2020년 3월 25일부터니, 법안 발의에서 통과, 실제로 국민들에게 적용되는 데까지 6개월밖에 안 걸린 것이다.

 국회 심의 과정에서 행정안전위원회 위원들 중 이 법안에 대해 반대 의견을 보인 사람은 강효상 의원뿐이었다. 과도한 형벌에 대한 우려를 표한 것으로 입법을 서두르는 것보다, 법의 효과를 자세히 살펴야 한다는 것이었다. 그 밖에는 금태섭 의원이 교통사고를 낸 사람한테는 금고형을 주로 적용하는데, 징역형으로 정한 이유를 정부에 물어보는 것이 법안 토론의 전부였다. 다른 법안에 비해 국회의원 간의 큰 이견 없이, 그래서 깊이 있는 토론 없이 전문위원의 검토보고서를 반영한 수준에서 법안이 통과된 것이다.

한 어린이의 학교 앞 교통사고 사망사고에 대해 모든 언론에서 크게 보도하며 전 국민이 관심을 갖고 있고, 대통령이 국민과의 대화에서도 시급한 문제 해결이 필요하다고 공감한 안건에 대해 내용의 타당성과 실효성에 대해 좀 더 따져 보자는 의견은 민생법안의 도입을 반대하는 것으로 간주될 수 있다. 국회의원으로서 이런 사안에 반대한다는 것은 정치적으로 큰 손해를 감수해야만 한다. 당시 선거법을 두고, 극단적으로 갈등하던 여당과 야당이 민식이법의 통과에 합의한 것도 이런 이유가 컸을 것이다.

물론 짧은 입법 기간이지만 법안이 다듬어지기도 했다. 강훈식 의원 안은 어린이 보호구역 안전사고 의무 위반 사망, 상해사고 시 가중 처벌이 핵심이었다. 이 안에는 사망자의 범위를 특정치 않았는데, 전문위원의 검토보고서에서 어린이로 한정하는 것으로 제안됐다. 이명수 의원 안은 어린이 보호구역에 자동차 교통으로 어린이를 다치게만 해도 처벌하는 내용을 담고 있어서 처벌 대상을 운전자로 명시하지 않은 점이 지적됐다. 사고 시 운전자의 책임 여부를 따져야 한다는 것이었다. 그래서 법안 내용이 "어린이 보호구역에서 어린이의 안전에 유의하면서 운전해야 할 의무를 위반해 13세 미만의 어린이에게 교통사고처리 특례법 제3조 제1항의 죄를 범한 경우"로 정리됐다. 교통사고처리 특례법 제3조 제1항은 운전자가 교통사고로 업무상 과실이나 중대한 과실로 사람을 죽거나 다치게 한 경우에는 처벌하도록 규정한 법이다. 요약하면, 당초 강훈식, 이명수 의원의 안에는 어린이 보호구역 내 어린이 사망 교통사고를 낼 경우 징역형을 받는 것으로 돼 있었으나, 법안 검토 과정에서 처벌의 과도한 측면이 고려돼 운전자 과실 요건을 추가한 것이다.

■ 초스피드 규제가 가능했던 이유

이 법을 두고 드디어 국회가 일 좀 했다, 이렇게 평가할 수도 있겠지만, 우리나라 운전자 모두에게 영향을 줄 뿐만 아니라, 자동차보험이나 내비게이션 설계에도 영향을 주게 될 이 법안이 어떻게 이처럼 빠르게 처리가 가능했던 것일까에 대해서는 좀 더 생각해 볼 필요가 있다. 민식이법이 만약 정부가 제안한 법률이었다면 이런 초스피드의 입법은 절대로 불가능했을 것이기 때문이다.

민주주의의 원리에 따라 국회는 법률을 확정할 수 있는 권한을 가진 유일한 기관이다. 법률의 제안은 국회에서도 할 수 있고 정부도 가능하다. 사람들은 보통 어떤 법률이 새로 만들어졌다는 데 관심을 갖지만, 이보다 더 중요한 것은 법률이 만들어지기까지의 과정이다. 이 과정에서 법률의 필요성, 효과의 적절성 등이 분석되고 토론되기 때문이다. 필요한 경우, 수정되거나 안 되겠다 싶어 법률 입안을 포기하는 결정을 하는 경우도 있다.

그런데, 이런 규제의 근거가 되는 법률의 도입 과정이 국회와 정부가 다르다. 정부에서는 법률이든, 아니면 그 아래에 있는 명령, 고시와 같은 자체 규범이든 도입 단계에서 국회보다 치밀한 단계를 거친다. 규제를 도입하려는 소관 부처는 세심한 연구를 통해 내용을 제안하며, 이 과정에서 규제의 사회적 영향을 검토하는 규제심사를 받는다. 중요한 이해당사자의 의견을 수렴해야 하고, 입법예고를 통해 일반 국민의 의견도 공식적으로 들어본다. 관계 부처로부터의 의견 수렴도 이뤄진다. 입법예고에만 40일이 소요되며, 규제심사는 45일이 추가로 소요된다. 그 외 부처에서 법률을 사전에 준비하는 기일을 고려하면 정부가 하나의 규제를 만들기 위해 소요되는 기간은 상당하다고 볼 수 있다.

정부입법 중 특히 중요한 절차가 바로 규제심사다. 규제심사에서는 규제가 정말로 필요한 것인지, 기존의 규제로는 해결이 안 되는 것인지를 검토한다. 규제가 미칠 사회적 효과도 분석하는데, 민식이법 같으면 이 법의 도입으로 어린이의 교통사고 위험 감소도 분석하지만, 전국 수만 개에 이를 어린이 보호구역에 신호등과 감시 카메라를 설치하고 유지하는 데 드는 비용도 분석해야 한다. 어린이 보호구역 내에서 사고가 나면, 이유를 불문하고 3년 이하의 징역형을 부과하는 것이 과도한지에 대해서도 분석하고, 이런 규제를 실제로 현재의 경찰 인력이나 정부의 재정 여력으로 할 수 있는지도 분석하게 된다. 민식이법은 이 모든 과정을 거치지 않은 것이다.

우리나라 국회는 국회의원 10명 이상의 동의만 얻으면, 법률 제안에 아무런 제약이 없고 전문위원 검토, 상임위원회, 법제사법위원회, 본회의로 이어지는 심사와 의결도 초스피드로 진행할 수 있다. 더구나 이 과정에서 규제 법률의 사회적 영향을 분석하는 규제심사와 같은 과정은 없다. 규제 법률의 사회적 영향을 면밀히 따져 보는 데는 전문위원의 검토 보고로는 충분치 않고, 규제심사가 반드시 필요하다. 물론 국회 스스로 규제의 사회적 영향을 살펴 꼼꼼히 부작용을 검토하려는 자세도 필요할 것이다. 그런데 우리나라 국회에는 이런 제도가 없다.

정부 법률안 입법 절차와 의원 발의 입법 절차의 비교

	정부 제출 법률안 입법 절차	의원 발의 법률안 입법 절차
I. 법률안 준비	1) 법률안 입안 2) 관계 부처와의 협의 3) 당정협의 4) 입법예고 5) **규제심사** 6) 법제처의 심사 7) 차관회의·국무회의 심의 8) 대통령 서명 및 부서 9) 국회 제출	1) 입법 준비 2) 법률안 입안 3) 국회 법제실의 검토 4) 법률안의 비용 추계
II. 국회 상임위 심사	1) 국회 상임위원회 상정 2) 제안 설명(의원, 정부) 3) 검토 보고(전문위원) 4) 대체 토론 5) 소위원회 심사 6) 위원회 의결	
III. 법사위의 체계/자구심사	법안 체계 및 자구심사	
IV. 전원위원회 심사	전원위원회 심사	
V. 본회의 의결	본회의 심의 및 의결	
VI. 법률안 공포/재의 요구	대통령의 법률안 공포 및 재의 요구	

출처: 「법제이론과 실제」, 국회법제처, 2019. 저자 수정 요약.

■ 반드시 따져 봤어야 했던 것들

규제심사 없이 초고속으로 통과된 민식이법이 일으킨 사회적 파장은 컸다. 어린이 교통사고 시 운전자 책임과 무관한 처벌이라는 원래 발의된 안을 수정해 운전자의 과실 여부를 따져 가중 처벌을 적용하는 것이고, 어린이 교통사고의 방지를 위해 필요하다고 했지만, 취지에는 공감하면서도 규제는 이해하지 못하겠다는 반발도 만만치 않았다.

형벌이 너무 세다는 게 핵심이었다. 어린이의 생명은 무엇과도 바꿀 수 없이 소중하지만, 고의성이 없는 과실에 기인한 사망에도 징역 3년에서 무기징역의 형벌을 받는 것이 다른 형벌에 비해 과도하다는 것이었다. 강도나 강간죄에서 정한 3년 이상의 유기징역보다 높다는 것이었다. 여기에 현실적으로 실제 교통사고에서 0%의 과실 비율이 나오지 않아서, 실제로 어떤 사고든 피해자가 발생하면 전방 주시 의무의 태만, 충돌 후 브레이크 조작 미숙과 같은 운전자 과실은 인정될 수밖에 없다는 것도 있었다. 성인이라면 전 국민 거의 모두가 운전을 하고, 운전을 시작한 이후 적어도 한두 번의 크고 작은 사고를 내거나 당해 본 국민의 경험으로는 이 법이 줄 잠재적 부담이 상당했던 것이다.

그 부담은 운전자보험 가입 증대로 나타났다. 2020년 11월 8일 발행된 보험연구원의 '운전자보험 가입자 특성분석'에 따르면, 손해보험사의 운전자 보험 신규 가입자가 낸 최초 보험료가 1년 전에 비해 2배 정도 늘어난 것으로 나타났던 것이다. 운전자보험은 교통사고 발생 시 자동차보험에서는 보장하지 않는 벌금, 형사 합의금과 같은 교통사고 처리지원금, 변호사

선임 비용 등을 보장하는 상품이다.

민식이법은 내비게이션에도 영향을 줬다. 아예 어린이 보호구역을 우회해서 안내해 주는 내비게이션이 나온 것이다. 내비게이션 전문업체인 아틀란에서는 스쿨존 우회 기능을 설정할 수 있도록 함으로써 어린이 보호구역으로 차를 몰고 가다 사고가 나서, 민식이법의 적용을 받는 부담을 사전에 없애 준다는 것이다. 이런 스쿨존 우회 기능은 T맵에서도 적용했다. 이용자의 운전만족도를 고려해 경로 안내 시 스쿨존 우회 옵션을 제공했다는 설명이다.

언론에는 어린이들이 민식이법 놀이를 한다는 기사가 나기도 했다. 어린이 교통사고 시 당사자 간 불필요한 갈등이 나타나고 있다는 것이다. 규정된 속도와 안전주의 의무를 정확히 지키면서 가다가도 어린이가 많이 다니는 스쿨존에서는 갑자기 달려드는 아이, 아이가 탄 자전거와의 충돌이 있을 수 있다. 이전에는 이런 경우 당사자 간 적절한 합의로 마무리됐는데, 민식이법 이후엔 상황이 변한 것이다. 피해자 부모가 민식이법을 들어 합의금을 강하게 요구하고, 법 내용을 잘 모르는 운전자는 상해사고 시 최소 500만 원 벌금, 징역과 같은 형사 처벌에 부담을 느껴 과도한 합의금을 주는 일이 발생하기도 한 것이다. 운전자 과실이 없는 경우에는 민식이법의 적용 대상이 아닌데도 말이다.

민식이법 이후, 어린이 보호구역 교통은 어떻게 변했을까. 2020년 12월 발표된 교통안전공단의 서울시 스쿨존 택시 운행 기록 분석에 따르면, 민식이법 시행 전 시속 34.3km에서 32.0km로 7.0% 정도 줄어든 것으로 나타났다. 스쿨존에서 운전자들이 운전을 좀 더 조심하게 됐음을 알 수 있다.

민식이법 직후인 3월 25일에서 4월 30일까지 스쿨존 아동 교통사고는 21건으로, 전년 동기 50건에 비해 58%나 감소했다. 다만, 이 기간은 코로나19로 학생들의 등교가 없던 때여서 정확한 효과를 확인하려면 좀 더 시간이 필요한 상황이다.

"규제는 사고를 먹고 자란다"는 규제 연구 전문가 사이에 널리 회자되는 말이 있다. 사고가 발생하고 언론에 확산되면, 정부와 국회는 문제 해결에 성급하게 나서게 되고, 여론과 사회적 요구를 반영해서 단기간에 규제를 설계해 통과시킨다는 것이다. 그런데 이런 규제의 상당수가 나중에 불합리한 것으로 판정이 나기 일쑤다. 규제설계와 심의 과정에서 합리성을 따져 봐야 한다는 의견이 규제를 도입해야 한다는 규범론적 요구에 막혀 버리기 때문이다. 규제의 적절성과 작동가능성보다 도입의 필요성에 대한 명분이 강조된 결과다.

사회 문제가 있다는 것이 규제 생성의 근거는 아니며, 규제를 꼼꼼히 살피자는 제안을 안전 문제를 저버리는 것으로 착각해서는 안된다. 사고마다 규제 생성을 요구하는 언론과 여론의 지지를 받는다고 다 좋은 규제도 아니다. 정부와 국회가 사고를 대하는 자세도 바뀌어야 한다. 냉정한 분석을 통해 적절한 방안을 찾아야 한다. 정부와 국회는 정의로움과 착함을 말로만 경쟁하는 곳이 아니다. 이들의 착하기 경쟁에 국민은 너무 힘들다.

3
맘대로
절차 적용도 문제다

■ 인증제도 개선의 복잡성

　2009년부터 정부는 인증제도 개선에 애써 왔다. 가스 및 계량기 점검에 나가는 '검(檢)'과 보호구 안전 인증에 나가는 '안(安)'과 같이 시험, 검사, 인증 마크의 분산으로 혼란이 많았기 때문이다. 사람들은 형광등을 하나 살 때도 에너지 소비효율 등급, 전기용품 안전 인증 등 6개가 넘는 인증 마크를 봐야 했다. 당시 13개의 인증을 안전·보건·환경·품질에 대한 통합 인증 마크인 KC(Korea Certificate)로 통합함으로써 이런 혼란은 어느 정도 해소할 수 있었다. 불편한 정부 규제로 인한 문제를 고쳤기 때문이다.
　인증 마크 통합 이후, 정부가 추진한 것이 관계 법률의 통합이었다. 산업통상자원부가 품질경영 및 공산품안전관리법과 전기용품안전관리법을 통

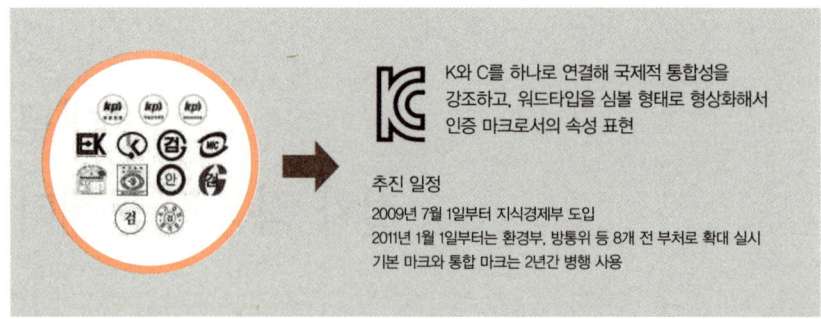

출처: e나라 표준인증

합한 전기용품 및 생활용품 안전관리법(이하, 전안법) 도입을 고민한 것이 2014년, 발의한 것은 2015년 9월이었다. 인증제도의 통합을 통해 인증에 따른 일반 국민의 인증에 따른 불편을 해소하면서도, 제품 안전에 공백지대를 빠짐없이 메워서 국민들의 안전을 좀 더 두텁게 보호하려는 취지에서 이뤄진 일이었다. 당시는 가습기 살균제 사고로 공산품 안전관리가 중요한 과제로 대두됐던 때이기도 했다.

이를 위해 전안법에서는 두 법률을 통합하면서 품질경영 및 공산품안전관리법에서는 안전품질 표시 대상이었던 41개의 제품을 전기용품안전관리법에서와 같이 공급자 적합성 확인이라는 인증을 받도록 강화했다. 공급자 자기적합성 확인제도(Self-Declaration of Conformity)는 상대적으로 위해(危害) 정도가 낮은 제품에 대해 공급자가 스스로 시험검사 등을 통해 적합성을 확인해 인증 마크를 부착하는 것을 말한다. 이 조치로 가정용 섬유제품, 가죽제품이나 양초, 화장비누, 습기제거제 등과 같은 기존에는 안전품질 표시 대상이었던 생활용품의 공급자들은 자기적합성 인증을 위해 제품시험, 서류 작성, 행정비용 등을 새롭게 부담하게 됐다.

그런데 이 법률은 품질경영 및 공산품안전관리법과 전기용품안전관리법을 통합해서 새로운 법률을 만드는 엄청난 일이었다. 전기용품과 생활용품이라는 완전히 성격이 다른 제품군에 대해 안전관리를 통합하려면, 수백 개에 이르는 안전관리 대상 제품의 성격을 분석해야 하고, 그에 적절한 인증 방법을 맞춰야 하기 때문이다. 여기에 동일한 제품의 화장지임에도 50m, 100m, 150m와 같이 길이만 다르다고 인증을 각각 받게 하는 것이 타당한지, 다품종 소량생산으로 이뤄지는 의류나 액세서리 등은 모든 품종에 대해 인증을 받게 할 것인가, 따로 범위를 정해야 할 것인가를 따져 봐야 하는 등 복잡한 문제가 내재돼 있었다. 특히 수백 종에 이르는 인증 대상 제품을 실제로 생산하고 유통, 수입하는 수많은 이해관계자가 영향을 받는 일이기도 했다.

■ 공청회와 중소기업 영향분석 패싱

전안법이 국회와 정부에서 전개되는 과정은 매우 이례적이었다. 국회가 다루는 법률은 글자의 수정과 같은 아주 가벼운 것에서 기존의 법률을 두고 한두 개의 조문을 새로 넣거나 조문을 수정하는 것도 있지만 전안법과 같이 이전에는 없었던 새로운 법률을 만드는 때도 있다. 같은 법률이라 해도 이들은 그 중요도나 입법에 투입되는 노력에서 완전히 차원이 다른 것들이다.

국회법 제58조 제6항에서는 이런 사정을 반영해서 해당 상임위원회는 제정 법률안과 전부개정 법률안에 대해서는 공청회 또는 청문회를 개최해야 한다는 원칙을 정해 놓았다. 예외적으로 위원회는 의결로 이 절차를 생략할 수 있지만, 특별한 이유가 없는 한, 전안법과 같은 전부개정 법률안의 경우, 공청회나 청문회를 개최해 이해당사자의 의견을 폭넓게 수렴하는 절차를 거치는 것이 합리적이다.

그런데 전안법은 국회에서 공청회를 거치지 않고 통과됐다. 산업통상자원위원회에서는 이 법안을 검토할 소위와 전체회의의 단계에서 위원들의 전원 찬성으로 공청회를 생략한 것이다. 2016년 당시 회의록을 보자. 산업통상자원부 제1차관이 정부입법으로 입법예고, 공청회, 규제심사, 관계부처 의견을 다 수렴한 것이라는 법안 설명에 소위원장인 홍영표 의원은 이 법안은 기존 업체에 영향을 미치는 것이 아니고, 간명하게 법률을 정리하는 것이라고 발언했다. 국회에서 전안법에 대해 공청회를 거치지 않은 이유를 짐작케 하는 점이다. 전안법을 두고, 사회적 영향력이 거의 없는 단순히 기존의 두 개의 법률을 통합하는 것으로 이해한 것이다.

이게 문제였다는 것이 밝혀지는 데에는 긴 시간이 걸리지 않았다. 법률이 통과된 후, 의류 제조 및 공급자와 병행수입업자들을 중심으로 심각한 문제 제기가 이어졌다. 법률 통과 후 1년의 경과 기간이 지나 2017년 1월 28일 시행을 앞두고 있던 상황에서 국회는 급하게 1년 더 적용 유예를 결정했다. 이 법으로 기존의 의류업계, 병행수입업체에서는 자기적합성 인증을 위해 제품별로 인증을 받게 되었는데 그 부담이 과도한 것으로 나타났기 때문이다. 기존 업체에 영향을 미치지 않는다던 전안법이 사실은 심각한 경향을 미쳤던 것이다. 더구나 규제심사를 다 거쳤다고 했던 전안법에서 정작 이

법으로 가장 영향을 받는 중소 상인에 대한 분석이 이뤄지지 않았던 것으로 드러났다. 병행수입업체의 경우, 전안법이 아직 규제심사 단계에 있던 2016년 12월 14일, 전안법으로 인한 과도한 부담에 대해 규제개혁위원회에 공식적으로 문제 제기를 했음에도 별다른 대응없이 열흘 후인 12월 25일 규제심사가 완료되기도 했다.

■ 규제 도입, 사전에 챙기지 못한 것

이런 부실한 과정을 거쳐 통과된 전안법이 일으킨 문제는 무엇이었을까? 전기용품과 생활용품이라는 안전관리 수준이 다른 두 법을 통합해, 생활용품에 대해서까지 자기적합성 인증을 요구한 것이 가장 큰 문제였다. 이로 인해 의류, 양말, 장갑, 모자, 운동화, 우산, 면봉 등 생활용품들이 신제품을 만들 때마다 인증을 받게 된 것이다. 인증에 따른 비용도 문제지만, 의류 등 유행에 민감한 생활용품의 경우, 인증을 받는 데 아무리 짧아도 보름에서 한 달까지 걸릴 수밖에 없어 제품 판매에 애로를 유발하기도 했다. 액세서리 하나만 해도 수백수천 가지의 제품을 생산해 판매하는 점을 고려해 보면, 이 법으로 인한 인증 부담이 엄청났음을 쉽게 짐작할 수 있다. 2017년 2월 16일, 전안법 적용을 1년 더 유예한 후 열린 국회 청문회에서 소상공인연합회 전안법대책위원회 위원장은 반소매 티셔츠 1장 생산원가가 3,000원인데, 전안법을 적용받으면 인증 비용으로 1,133원이 추가된다고 했다.

주요 품목별 KC 인증 비용		

의류(양말 포함)	바퀴 달린 운동화	샤오미 로봇청소기
7만~70만 원	130만 원	1,365만 원

출처: 조선일보 2017.12.28.

전안법 시행 때 품목별 판매자가 부담해야 했던 인증비용

    이 법은 생산자뿐만 아니라 유통업자, 온라인 및 오프라인 판매자에게도 적용됐다. 그래서 활성화돼 가던 병행수업업자에게도 전안법의 불똥이 튀었다. 전안법에서는 병행수입업자에게 상품에 대한 공급자 적합성 인증 확인서류를 보관하고, 그렇지 못할 경우 80만 원에서 100만 원이나 되는 안전 테스트를 거치도록 요구한 것이다. 문제는 이것이 사실상 불가능하다는 것이었다. 해외 브랜드를 국내에 판매하는 방법은 해외 브랜드 우리나라 지사나 수입대리점을 통하는 공식수입과, 그 외 다른 수입업자가 별도의 경로로 물건을 들여와 판매하는 병행수입이 있다. 이런 병행수입업은 다품종, 소량의 제품을 거래하므로 각각의 제품에 대한 인증을 직접 받을 경우, 엄청난 인증 비용이 발생하는데, 대리점이나 지사를 통한 공식적인 수입이 아니기 때문에 해외 브랜드에 자기적합성 인증 서류도 받을 수 없는 구조였던 것이다. 한마디로, 전안법으로 인해 생활용품에 대한 강력한 규제가 만들

어진 셈이다.

이후 전안법은 2017년 2월, 적용 유예 이후 국회에서 공청회를 정식으로 하고, 이해당사자의 의견을 제대로 수렴한 후, 병행수입업자에게는 인증을 면제하고, 성인용 의류, 속옷, 침구류 등 가정용 섬유제품과 지갑, 가방 등 가죽제품에 대해서는 자기적합성 인증에서 제외하는 것으로 수정되어 2018년 7월 1일부터 시행되고 있다.

전안법이 초래한 1년이 넘는 사회적 혼란은 규제입법 과정에서 정부가 중소기업 영향평가를 실시하지 않았을 뿐더러 국회가 공청회도 열지 않고, 이 규제와 관련된 가장 중요한 이해당사자의 의견을 면밀히 살피지 않은 데서 비롯된 것이다.

4
왜 규제를
규제해야 하나

■
■

■ 민식이법과 전안법의 교훈

　민식이법처럼 처벌 강화로 사고가 사라질까? 보통의 사람이라면 일부러 사고를 내는 경우는 없다고 봐야 한다. 부주의나 실수가 사고 원인의 대부분이다. 물론 어린이 보호구역에서는 고도의 집중을 해야 할 것이다. 그런데 이렇게 신경 쓴다고 사고가 안 나는 게 아니다. 사고의 원인은 운전자에게도 있지만 피해자에게도 있을 수 있기 때문이다. 실제 교통사고에서는 합의한 경우가 아니면, 피해자와 가해자가 100대 0인 경우란 찾아보기 어렵다. 둘 다 조금씩의 주의 의무를 소홀히 한 측면이 있다는 점이다. 물론 사고를 줄일 수 있는 방법이 있다면 사고를 줄이는 것이 바람직하다.
　이런 면에서 민식이법 규제는 사고의 원인을 너무 단순하게 생각했다. 처벌 강화가 사고를 줄인다는 것이다. 그러나 운전을 해 본 사람은 알지만, 교통사고를 줄이려면 처벌을 강화하는 것보다 운전자와 보행자를 분리하는 보행 구조, 교통신호 체계나 차선과 같은 도로교통 체계의 개선이 더 중요하다. 더구나 민식이법 이전에도 어린이 보호구역에서 사고를 내면, 그 처벌 수위가 낮지 않았다. 그렇다면 오히려 이런 규제를 만들기 위해 국회가 보여준 초스피드의 입법 역량은 더 규제해야 하지 않을까?

전안법은 규제를 도입할 때 이해당사자의 의견을 충분히 듣지 않아서 생긴 혼란이다. 국회는 공청회를 열지 않았고, 정부는 규제심사에서 가장 중요한 중소기업과 소상공인에 대한 영향분석을 빠뜨렸다. 비슷해 보이는 두 법을 통합해 법률을 간소화 할 뿐만 아니라 중복을 줄여서 국민들의 혼란도 줄여준 것이라는 오판으로 필요한 절차가 생략된 것이다. 이런 생략으로 국회에서는 공청회 당사자를 섭외하고, 사전에 이해당사자의 의견을 청취하는 등의 번거로움을 줄였을 수도 있다. 정부인 중소벤처기업부는 따로 전안법에 대해 중소기업 영향평가를 하고, 그 내용을 반영해 규제심사를 하는 복잡한 절차도 줄일 수 있었을 것이다.

규제 도입 과정에서의 번거로운 절차를 밟지 않아 정부나 국회는 편했을지 모르지만, 의류·장신구를 생산, 판매, 유통하는 수만 명의 업자들은 잠을 못 이뤘을 것이다. 전안법 통과 전 병행수입업자들이 이 법의 문제점을 인지하고 정부에 문제 제기를 한 것도 이런 걱정 때문이었을 것이다. 2017년, 1년 내내 전안법을 두고 개정 논의가 이뤄졌다. 그렇다면 생업을 두고 규제 도입 저지와 개선을 위한 운동에 나선 이들에겐 어떤 보상이 있어야 하는 것일까? 정부가 저지른 사고로 민간이 고생했는데 이들에겐 고생에 대한 어떤 보상도 없었다. 규제를 규제해야 하는 또 다른 이유다.

오늘도 민식이법과 전안법과 같이 좋은 의도를 가진 규제들이 만들어지고 있다. 아니 쏟아지고 있다. 반면, 기존의 불편한 규제들의 개선은 더디기만 하다. 규제는 취지가 좋다고 결과도 좋은 게 아니다. 좋은 규제는 문제를 해결할 수 있어야 하고, 부담은 최소화할 수 있어야 한다. 진짜 환경 문제를 해결할 수 있고, 진짜 어린이 교통사고를 줄일 수 있고, 진짜 골목상권 소상공인에게 힘이 되는 것인지도 따져야 하고, 이런 규제로 비용을 부담해야 할 다른 사람들의 이해관계도 따져 봐야 한다. 규제는 사회 문제 해결에 필요하다고 하는 것이 아니다. 규제 도입으로 기대할 수 있는 혜택이 적어도 비용 부담보다는 크다는 것이 보장돼야 할 수 있는 것이다.

■ 막걸리 풍년시대의 교훈

2021년, 때 아닌 막걸리 풍년시대에 살고 있다. 마트마다 다양한 막걸리를 내놓고 팔고 있다. 한 병에 만 원이 넘는 프리미엄 급 막걸리도 몇 개나 있다. 사람들이 갑자기 막걸리를 좋아하게 된 것일까. 아니다. 막걸리는 100년도 넘는 전통술이었는데, 오랫동안 술 제조를 억누르던 규제로 산업화되지 못했다. 아주 오래전에는 집집마다 빚던 막걸리, 가계주가 보릿고개 먹고 살기도 힘든 시절, 금지됐다. 먹을 쌀도 없는데 술을 만들면 안 된다는 게 그 이유였다. 40년쯤 전에 막걸리는 정부가 허가해 준 업체만이 만들 수 있었다. 이건 맥주나 소주도 마찬가지였다. 우리나라에 맥주는 두 개

정도의 회사가 오랫동안 시장을 점유했고, 소주는 각 도마다 한 개의 회사만이 사업할 수 있었다. 자도(自道) 소주 구입 규제였다. 서울은 진로, 경상도는 금복주, 강원도는 경월, 대전은 선양, 전라도는 보해 이런 식이었다.

막걸리 수요가 급증한 것은 막걸리 맛이 다양해지고, 맛있는 막걸리가 많아졌기 때문이다. 산수유나 흑임자, 밤을 넣은 실험적 막걸리도 나와 소비자의 흥미를 끌고 있다. 와인이나 맥주를 곁들이던 저녁 식사에도 막걸리를 마시고, 강남에는 만 원대에 이르는 프리미엄 막걸리 전문점이 등장하기도 했다. 막걸리를 포함한 전통주 전문 판매 포털도 만들어졌다. 이 사이트에서는 인터넷 배송으로 구매하면, 10병씩 대량으로 구입할 수밖에 없는 막걸리를 한 병씩, 여러 개의 막걸리를 입맛대로 한 개씩 선택해 구매할 수 있다. 어떻게 이런 일이 가능했을까?

규제를 규제한 때문이다. 막걸리는 1977년까지는 쌀로 만들 수 없었고, 1998년까지는 식물을 첨가할 수 없었으며, 2000년까지는 양조장이 있는 시·군 영역 밖으로 막걸리를 팔 수 없었다. 이런 규제들이 하나하나 개선된 것이다. 막걸리에 과일을 넣으면 과일주로 분류돼 5%의 주세가 30%로 높아지는 규제도 해소됐고 온라인으로 팔 수 없었던 규제 역시 5년쯤 전에 없어졌다. 이로써 유통망이 열악해 대기업에 비해 시장 접근이 어려운 소규모 막걸리 제조업체에 판매 기회가 확 늘어났다. 막걸리로 승부를 보겠다는 다수의 청년이 생겨나 이 사업에 뛰어들었다. 2019년에는 막걸리 총산 규제가 없어졌다. 이로써 구연산, 사과산 등 천연 유기산 함량이 높은 과일로 막걸리 맛을 다양하게 할 경우 총산 규격을 맞추기 어려웠던 애로가 해소됐다. 총산 규격이란 막걸리의 산도에 대한 규제였다.

막걸리 풍년은 갑자기 막걸리를 좋아한 사람이 많아져서가 아니라 이처럼 막걸리 규제를 걷어 내자 막걸리 제품이 다양화되고, 만 원이 넘는 프리미엄 막걸리에서 일이천 원의 가벼운 막걸리까지 다양한 가격대의 다양한 맛을 가진, 다양한 상품이 나왔기 때문이다. 2021년 지금, 1977년에는 불가능했던 쌀막걸리가 팔리고 있고, 1988년엔 불가능했던 식물재료의 첨가가 가능하며, 2000년에는 불가능했던 다른 지역 막걸리를 집 앞 마트에서도 살 수 있고, 2015년까지는 불가능했던 온라인 택배 막걸리 구매가 가능하다. 요즘에는 막걸리 소믈리에(sommelier)가 있다니 좀 지나면, 우리나라의 막걸리가 와인과 같은 저마다의 스토리를 가진 또 하나의 K-컬처의 주역이 될 수도 있을 거다. 막걸리 산업이 좋아지자, 매출이 증가하고 일자리가 많아졌다. 불합리한 규제를 규제하면, 이렇게 생산자도 소비자도 좋고 일자리를 구하는 청년도 좋다.

이쯤 되면 드는 생각은, 우리나라는 막걸리 업자를 왜 그렇게 오랜 기간 동안 수많은 규제로 못살게 했는가라는 점이다. 막걸리를 쌀로 만들면 안 된다는 거야, 쌀이 부족했던 어려운 때였다는 구실로 넘어갈 수도 있겠지만, 왜 식물재료를 넣으면 안 되고, 왜 자기 양조장의 시·군을 넘으면 안 되는지, 왜 온라인으로 판매하면 안 되는지를 돌이켜 물어볼 필요가 있다. 물론 이유가 있을 것이다. 정부가 국민을 아무 이유도 없이 괴롭히지는 않을 테니까. 그런데 이런 규제들이 고쳐진 것을 보면, 결국에는 규제로 해결하려는 문제에 비해, 규제가 초래하는 문제가 오히려 더 컸기 때문일 것이다.

우리 주변에는 이렇게 정부가 규제만 걷어 내도 새로운 시도가 가능해지고, 도처에 성공 스토리가 만들어질 수 있는 사례가 생각보다 많다.

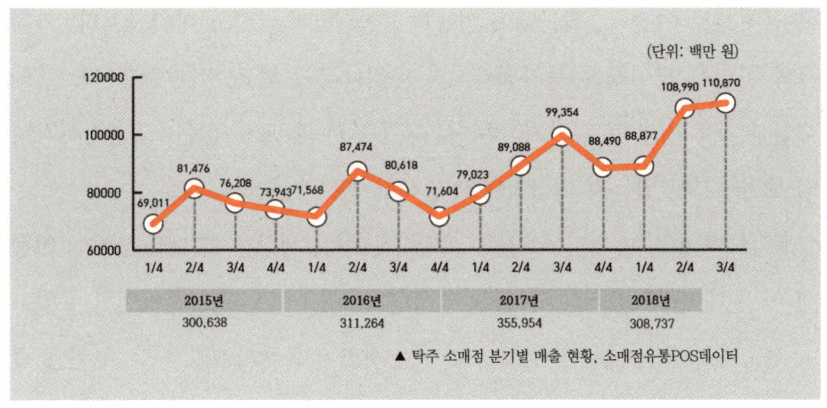

▲ 탁주 소매점 분기별 매출 현황, 소매점유통POS데이터

출처: 소믈리에타임즈(2019.3.8), 식품산업통계정보시스템의 탁주시장 동향보고.

규제 개선으로 성장할 수 있었던 막걸리 시장

■ 규제는 방 안의 코끼리

다른 사람은 다 아는데, 특정 집단 사람만이 모르고 있을 때, '방 안의 코끼리(elephant in the room)'란 말을 쓴다. 사무실에 들어선 코끼리는 너무 커서 모를 리 없을 텐데, 그 안에 있는 사람만 모른다는 거다. 규제는 방 안의 코끼리 같은 것이다. 어떤 규제든 만들어져 우리 생활에 적용되기 시작하면 금방 익숙한 규범이 된다. 그래서 별로 문제 의식을 느끼지 않는다.

마트가 월 2회 의무 휴업을 해야 하는 규제가 처음 만들어졌을 때, 떠들썩한 문제 제기가 있었지만, 지금은 이를 문제 삼는 사람이 거의 없다. 사람들은 주말에 장 보러 갈 때면 자연스럽게 이번 주가 둘째, 넷째 주인지 따져 보게 됐다. 막걸리 온라인 판매가 금지됐던 시기, 대부분은 이걸 당연한 규칙으로 여겼다. 최근에야 가능해진 떡 택배 금지도 마찬가지다. 커피숍과 꽃집을 같이하는 플라워카페가 우리나라에 없고, 티본스테이크는 왜 수입산 소고기만 있는 건지, 우리나라 두부는 왜 모두 같은 크기 직사각형의 모판두부만 있는지 이상하다고 생각하지도 않았다.

우리보다 발전이 더딘 국가를 다녀오면, 이런 생각을 할 때도 많다. "어떻게 이런 데 살고 있을까" 교통도 엉망이고, 전봇대도 위험천만이고 무엇보다 뒤죽박죽 규칙 때문에 무엇을 하라는 것인지 복잡하기만 하다. 경찰에 걸려도 돈을 주면 해결되니, 규제가 있으나 마나인 경우도 있다. 이상한 건 외국인인 우리는 금방 문제라 느끼는데, 그 나라 사람들은 아무런 문제 의식을 가지지 못한 못한다고 느낄 때가 많다는 거다. 하도 익숙해서 문제라기보다는 그냥 그런 어색한 규제와 같이 사는 그 자체가 생활이기 때문이다.

다른 나라에서 온 사람들은 금방 불편함이 있고 불합리한 점도 있음을 알아차렸을 것 같은데 우리는 이런 규제에 대해 별로 문제 삼지 않는다. 익숙하기도 하고, 세부적인 내용을 잘 모르기도 하며, 무엇보다 다른 나라에선 어떻게 하고 있는지도 알지 못한다. 이런 규제를 '갈라파고스 규제'라 한다. 갈라파고스는 남태평양 남아메리카로부터 1,000km나 떨어진 섬 무리다. 육지와 멀리 떨어진 이 지역에는 다른 데서는 볼 수 없는 생물이 산다. 갈라파고스 거북이 대표적이다. 갈라파고스 규제는 갈라파고스섬의 거북이처럼, 보편적 생태계와는 구분되는, 특정한 국가에서만 볼 수 있는 규제를 말한다.

우리나라, 한 해에만 수백 건의 법률이 새로 만들어지고, 이와 별도로 정부에서 고시와 같은 규제를 만들어 내는 상황에서, 외국보다 훨씬 규제 생산성이 높은 상황에서, 이들 많은 규제는 금방 방 안의 코끼리가 돼 버린다. 만들어지는 모든 규제가 합리적이지는 않을 것이다. 국회와 정부의 부실한 규제 입법 과정을 보면, 이게 단순한 기우가 아님은 분명하다. 그런데 개선은 더디다. 한번 만들어진 규제는 그와 관련된 이해당사자가 생기기 마련이어서, 아무리 불합리한 것이라도 고치거나 없애기 어렵다. 톱을 밀기는 쉬워도 당기기는 어려운 것, 톱니 효과가 규제에도 있다. 우리나라 사람들이, 분명히 떡 서 있는 코끼리 규제를 알아채지 못하고, 불필요한 규제를 지키느라 하고 싶은 것을 하지 못하고, 더 많은 비용을 부담하는 상황이 돼서는 곤란할 것이다. 그래서 다시 우리는 규제를 규제해야 한다.

그림: 이동진

코끼리를 알아채지 못할 수 없는 데도, 없는 것처럼 무심히 회의하는 사람들

규제를 규제한다

1. 규제는 완전하지 않다   2. 규제의 천태만상, 불편한 진실

3. 4차 산업혁명을 막는 규제

2 / 규제, 의도대로 작동되나

1
규제는
완전하지 않다

■ 가설로서의 규제

　랜도(David E. Landau) 교수는 정책의 성격을 가설로 규정했다. 가설은 어떤 현상을 설명하기 위해 그럴듯한 원인을 착안해 원인과 결과를 합쳐 놓은 것이다. 날씨가 더우면 모기가 많아진다. 학원에 다니면 성적이 높아진다. 좋은 대학을 나올수록 연봉이 높다. 일상적으로 하는 이런 말들도 가설이다. 정부정책도 가만히 보면 이런 가설에 근거한다. 저소득층에 생계 보조를 하면 이들의 삶의 질이 높아질 것이다. 부동산 가격을 규제하면 부동산시장 거품을 막을 수 있을 것이다. 대학교를 규제하면 대학교육의 질이 높아질 것이다. 이 모든 것이 가설에 해당한다.
　그런데 가설은 그럴듯하지만, 항상 적중하는 것도 아니다. 가설들 중 반복된 관찰과 실험을 통해 거의 틀릴 수가 없는 법칙과 같이 정립된 것도 있지만, 이런 법칙조차 그것이 전제한 가정이 달라지면 틀릴 수 있다. 물은 아래로 흐른다는 너무나 당연한 법칙도 중력에서 무중력으로 전제가 바뀌면 틀린 것이 된다. 가설은 틀릴 수 있다는 것을 전제로 성립하는 것이고, 어쩌면 이런 오류가능성이 이론 발전의 토대가 되기도 한다. 20세기 저명한 철학자 포퍼(Karl R. Popper)가 이론과 사이비이론을 구분하는 기준으로 반증가능성을 든 것도 이 때문이다. 틀리지 않는 가설은 있을 수 없고, 반드시 맞다고 굽히지 않는 주장을 하는 사람이 있다면 사이비라는 것이다.

규제도 중요한 정책 유형 중 하나이고, 가설이며, 틀릴 수 있다. 사회 문제를 해결하겠다며 도입한 규제가 처참한 실패로 돌아간 경우도 생각보다 많다. 잘못된 가설을 믿고 도입한 때문이다. 1865년 영국에서는 붉은깃발법(The Locomotives on Highways Act)을 도입했다. 자동차 운행을 위해서는 운전사와 기관원, 기수가 있어야 했다. 기수는 자동차의 약 50미터 앞에서 붉은 깃발을 흔들어 자동차사고를 경고해야 했다. 아무리 빨라야 시속 6.4킬로미터, 시내에서는 3.2킬로미터밖에 못 내도록 규제해 놓고 기수를 반드시 두라고 한 것도 황당하지만 이 법이 1896년까지 30년 동안이나 유지됐다는 것은 더더욱 이해가 안 된다. 영국에서 이런 규제를 도입한 근거는 자동차를 규제하면, 마차산업의 쇠퇴를 막을 수 있다는 가설 때문이다. 그런데 이런 철저한 자동차 규제에도 마차는 박물관이나 민속촌에서나 볼 수 있는 박제품이 돼 버렸다. 자동차 운행을 규제했는데도 마차산업이 살아남지 못했으니 이 가설은 틀린 것이고, 규제도 실패한 것이다.

규제의 가설적 성격을 이해하면 사회 문제를 해결하자며 도입한 것이 규제지만, 한없이 조심스럽게 다뤄야 할 것 역시 규제라는 점을 알아챌 필요가 있다. 우리는 어떤 문제든 쉽게, 즉각적으로 규제를 떠올릴 수 있다. 그리고 의외로 이런 규제가 쉽게 법령을 통해 도입되기도 한다. 미세먼지가 많으니 자동차 5부제로 미세먼지를 줄이고, 재래시장이 어려우니 경쟁하는 대형 마트를 규제하고, 상가 세입자가 어렵다니 임대료를 규제해 부담을 낮춰 주고, 재벌의 영향력이 산업생태계를 압도한다 싶으니 이들이 신규로 진출 가능한 산업 부문을 제한하는 것이 대표적인 것이다. 이런 규제들을 놓고 보면 사회 문제란 것이 금방 해결될 것도 같은데, 많은 경우 지지부진하거나 오히려 부작용이 나타나는 것은 규제가 가진 가설적 성격, 즉 겉보기엔 그럴듯하지만 사실은 틀렸을 수도 있기 때문이다.

■ 규제가 불완전한 경우

사람은 세상의 복잡한 현상을 완벽히 알 수 없다. 사회 문제를 풀자며 아무리 그럴듯한 가설을 만들어도 아주 중요한 변수를 놓칠 수 있다. 어쩌다 사회 문제 해결에 꼭 맞는 규제를 만들었다 하더라도 역시 결과적으로는 틀려 버릴 수도 있다. 사회의 동태성 때문이다. 시간은 멈춰 있지 않고, 문제도 변화한다. 사회 문제를 둘러싼 상황도 변화할 수 있다. 가난한 집 엄마는 공부에 소홀한 아들에게 엄격한 시간표를 만들어 하루하루 생활을 규제했다. 다행히 아들이 엄마 말을 잘 들어 공부한 결과 성적이 올랐다. 물론 아들이 반항적 기질이 있었다면 이 규제도 신통치 않았겠지만. 그런데 장사하는 엄마가 벌이가 좋아져서 아들 교육에 투자할 돈이 충분해졌다. 엄마는 아들을 위한 계획표 수정을 고민할 것이다. 이제는 다른 방식의 교육도 가능해졌고, 어쩌면 성적을 올리는 더 나은 방법이 있을 수도 있기 때문이다. 아무리 신통한 규제라도 시간과 처지가 바뀌면 언제라도 덜 만족스럽고, 수정과 보완의 대상이 돼야 하는 것은 이 때문이다.

규제는 가설의 폐쇄성 때문에 틀리기도 한다. 사회 문제는 어느 것이든 연결돼 있는 반면, 규제로 풀려는 문제는 특정 분야에 국한된 것이다. 흔히 규제로 특정 문제 해결을 외과의사의 수술처럼 간단히 요리할 수 있을 거라 생각하지만, 규제가 그 분야에만 국한된 영향을 미치는 경우는 드물다. 아파트 가격에 대한 규제는 은행 대출 시장에 영향을 미치며, 건설업에도 영향을 미친다. 대학교수의 강의와 저술에 대한 규제는 시간강사와 출판업에 영향을 미칠 것이다. 호텔 규제는 민박과 여관에도 영향을 미치며 여행업에도 영향을 미칠 수 있다. 그리고 이들 모든 규제는 고용시장에 직·간접적으로 영향을 준다.

이처럼 사회 문제의 초연결성에 비해, 규제는 정도의 차이는 있지만 어느 한 분야에 국한된 폐쇄적인 아이디어일 수밖에 없다. 모든 분야의 영향을 고려한 규제를 만들자는 것은 이론적으로도 가능하지 않고, 현실적으로도 불가능한 일이다. 어떤 정부라도 하나의 사회 문제 해결에 그런 정도의 유능함을 가질 수 없고, 아무리 유능하다 하더라도 규제와 연결된 모든 문제, 아니 주요한 연계 분야조차 따져 볼 정도로 충분한 시간과 자원을 가지고 있지 못하다.

이런 상황에서 정부가 사회 문제를 해결하겠다며 도입한 규제는 종종 인접 분야에 예상치도 못한 부작용을 불러일으키기도 한다. 이렇게 되면, 원래 고민했던 문젯거리가 규제로 해소됐다 하더라도 그것이 과연 타당한 것이었을까라는 질문을 던지지 않을 수 없게 된다.

1990년대까지만 해도 미얀마 여행을 하려면, 공항에서 최소 300달러를 외국인 전용화폐로 의무적으로 교환해야만 했다. 외국인들은 미얀마에서도 대형 호텔이나 유명 식당에서밖에 사용치 못하는 이 화폐를 시내 관광을 위한 차비를 내고, 노점상에서 물건을 사기 위해 다시 수수료를 물고 미얀마 화폐인 짯(kyat)으로 바꿔야 했다. 한번 바꾼 외국인 전용화폐는 합법적으로는 재환전이 안 되기 때문에, 돈이 남더라도 손해를 보고 출국하거나, 암시장에 다시 수수료를 내고 달러로 재환전을 하는 번거로움을 감수해야 했다.

그렇다면 이런 황당한 규제가 미얀마에서 왜 꽤 오랫동안 이뤄져 온 것일까? 답은 규제에 대한 정부 당국자의 폐쇄적 아이디어 때문이다. 사원에 불탑에, 특유의 전통을 보려는 외국인 관광객이 생겨나자 이들에게 무조건 300달러 이상을 환전토록 하면, 정부는 가장 쉽고 간단히 외환을 얻을 수 있다. 원래 가난한 국가에 이 정도의 외환 수입은 국가 운영에 단비가 될 정도로 큰 이익을 남길 수도 있다. 그런데, 이것은 매우 단순한 생각이다. 외환 규제를 엄격하고 번거롭게 할수록 외국인 관광객이 덜 와서 관광산업이 성장하는 데는 손해가 될 것이기 때문이다. 외국인 관광객이 더 많이 와더 많은 돈을 쓰고 돌아가는 게 미얀마 입장에선 더 좋은 일인데도 말이다. 관광객들이 어차피 불법 환전에 암시장을 이용하니 원래는 정부가 세금이나 수수료로 얻을 수 있었던 환전 수수료가 걷히지 않으니 이중의 손해가 나는 문제도 있다. 무엇보다 이 규제로 미얀마의 외환을 다루는 은행과 금융업의 경쟁력도 생길 수가 없다. 영원히 농업과 폐쇄적 관광만으로 살겠다면 모르겠지만, 조금이라도 나은 국가를 만들기 위해 필요한 각종 산업의 출현을 막는 제도가 바로 규제였던 것이다. 다행히 이 규제는 2001년 200달러 의무 환전으로 개선됐다가 2003년 폐지됐다.

그렇다면, 규제는 어떤 경우 불완전해서 개선의 대상이 돼야 하는 것일까? 전문가들은 규제로 인한 사회적 편익과 사회적 비용을 비교해, 사회적 비용이 더 높다면 개선이 필요하다고 주장해 왔다. 지금 살펴본 것처럼 사회 문제의 복잡성과 상호연계성, 시간의 동태성과 영향 요인의 무한성, 규제의 가설적 성격과 폐쇄성은 규제가 완전하기 힘든 원인이다.

물론 규제의 부작용이 있다는 것을 알면서도 도입하지 않을 수 없는 경우도 많다. 심장마비 환자에게 긴급 인공호흡을 시도하면서 갈비뼈를 다칠까 주저할 수는 없는 것과 같다. 사회 문제가 심각할수록, 국민의 관심이 많아 해결의 압박이 클수록 정부가 규제라는 칼을 들고 수술실에 들어가는 이유가 여기에 있다. 다만, 이 경우 정부 스스로 규제를 들어 사회 문제 해결을 공언하는 만큼 규제가 확실한 대안이라는 점, 정부가 확인할 수 있는 부작용은 최대한 검토해 봤다는 점, 그 결과 부작용에 비해 사회적 혜택이 크다는 것을 입증하는 책임도 발생한다. 나아가 부작용이 있다면, 그런 부작용으로 피해를 보는 사람들은 어떻게 설득하고, 경우에 따라서는 도움을 줄 수 있을 것인지 알아봐야 할 수도 있다.

■ 선스타인이 말하는 규제 역설

『넛지(Nudge)』의 공저자로 우리에게 행동경제학자로 알려진 선스타인(Cass R. Sunstein) 교수는 "규제국가의 역설(Paradoxes of the Regulatory State)"이란 논문에서 불완전한 규제의 대표적 유형을 제시했다. 그의 분석은 우리가 통상 규제라는 정책 수단에 대해 갖고 있는 가설적 믿음에 대한 문제 제기이다.

먼저 과도한 규제는 과소 규제를 야기한다. 아주 고도로 강화된 규제지침을 설정해 놓으면 규제 집행 관료가 규제를 거의 안 하거나 못하는 현상이 나타난다는 것이다. 선스타인은 오염이 없는 삶이나 인간의 안전 등에 대한 근본적인 가치는 절대적이기 때문에 당연히 규제해야 하고, 할 수 있다는 주장에서 이런 규제가 많이 나타난다고 한다. 환경, 안전, 사고 등은 불확실한 사회에서 언제라도 발생할 수 있는 위험(risk)이고, 이를 규제 도입 당시에 고려해야 함에도, 환경오염과 사고가 전혀 없는 상태가 국민의 권리를 보장하는 것으로 전제해 놓고 가장 강화된 규제 기준을 도입한 결과라는 것이다.

새로운 위험에 대응하자며 규제를 만들면 사회 전체의 총 위험 수준은 오히려 높아지기도 한다. 정부는 흔히 새로운 위험에 대해서는 철저하게 규제하는 반면, 이전부터 있던 위험 요인들에 대해서는 간과하는 경향을 보인다. 펜션에서 안전사고가 나면 펜션 건축과 허가에 안전 기준을 강화하게 된다. 자재 사용을 규제하고 안전시설 설치, 대피장치 구비를 요구한다. 건물 간 거리, 안전관리요원의 상주 등과 같은 규제를 두기도 하고, 펜션 이용자에게 보험 구입을 의무화할 수도 있다. 그런데 이렇게 되면, 펜션 이용에 따른 비용이 증가하게 돼 사람들은 펜션이 아니라, 그보다 싼, 그러나 그보다 훨씬 덜 안전한 숙박시설을 이용할 수도 있다. 여행이 잦은 대학생은 펜션 이용이 잦은 대표 계층인데, 이들은 어른들에 비해 돈이 부족하다. 이런 상황에서 정부가 숙소 안전에 만전을 기한다며, 새로 발견되는 위험 요소들을 해소할 것을 요구하면 할수록 펜션 이용 비용은 높아지고, 대학생은 점점 더 위험한 숙소를 예약해 여행을 다니게 된다는 것이다. 이것은 새로운 위험을 반영하겠다며, 신제품에 대한 인증 절차를 어렵게 한다거나 안전 기준을 높게 바꾸면, 역설적이게도 기존 상품을 생산하는 사업체는 더 장사가 잘 되고, 좀 더 오염이 적은 신규 제품은 시장에 들어오는 것조차 어려워지는 것과 같다. 그 결과 신제품 사용으로 오염이 줄어드는 것이 아니고, 기존 제품의 사용이 늘어나 오히려 사회 전체 오염 수준이 늘어날 수도 있다.

최고의 기술을 요구하는 규제가 기술 개발을 지연시킬 수도 있다. 정부가 특정 시점에 최선의 기술을 적용해 안전, 위험 규제를 할 것을 요구하면 그 시점에서는 가장 타당한 것일 수 있다. 그러나 기술은 끊임없이 개발되는 것이기에 한 시점의 최선의 기술은 곧 예전 기술이 돼 버린다. 이런 상황에서 특정 시점에 최선의 기술이라며 적시한 규제가 수정되지 않는다면, 새로운 기술이 개발돼도 시장에 출시되지 못하는 문제가 생기게 된다. 자동차관리법에는 오랫동안 자동차에 '후사경' 설치를 의무화했다. 운전자가 자동차 후미 상황을 알아채서 안전 운전을 하기 위해 가장 좋은 기술은 후사경, 즉 뒤를 보는 거울을 의무적으로 다는 것이었기 때문이다. 그러나 카메라 기술이 발전하면서 운전자는 이제 화면을 통해서 자동차 뒤의 장애물이나 지나가는 사람을 구분하며 운전할 수 있게 됐다. 후사경의 단점인 사각지대도 없어졌다. 한마디로 훨씬 안전한 장치가 생겨난 것이다. 그러나 후사경 부착이란 규제는 이후에도 한참 동안 수정되지 않았다. 그런데 이렇게 되면 이 경우 새로운 기술을 개발할 유인이 생겨나기 힘들다. 누군가 열심히 연구해 아무리 새롭고 더 나은 기술을 개발한다고 할지라도 이것을 판매할 수 있는 시장이 만들어지지 않기 때문이다.

가난한 사람들을 돕겠다며 만든 규제가 오히려 사회적으로 가장 하층의 사람들을 어렵게 할 수도 있다. 최저임금을 높일수록 고용주는 노동비용이 늘어나기 때문에 노동을 자본으로 대체하려는 움직임을 보일 것이다. 종업원을 줄이고, 자동주문 기계를 설치하게 되는 것이다. 이 경우 전체 노동자가 줄어들게 되고, 역설적으로 최저임금으로 보호하려 했던 사람들이 시장에서 퇴출되는 결과가 초래된다. 여성 근로자에 대한 평등 대우 의무화가 여성 근로자 고용을 줄일 수도 있다. 여성을 고용하려는 유인이 줄어들어 결국 법에서 요구하는 최소한의 수준만의 여성 인력을 충원하는 일이 발생할 수도 있는 것이다.

물론 이런 규제를 계속하다 보면, 사회 전반에 가난한 노동자를 보호하고, 여성을 평등하게 대우하려는 문화가 생겨날 수도 있다. 그러나 선스타인은 그것은 규제의 결과라기보다는 그와 무관한 사회적 풍토의 변화에 기인한 것으로 판단한다. 아무리 사회적 약자를 보호하려는 풍토가 보편화됐다 하더라도 규제로 비용이 더 들게 된 회사가 이를 기꺼이 감수하면서까지 예전의 고용수준을 계속 유지하리라는 것을 기대하기는 쉽지 않다.

기업체에 상품 정보 공개를 의무화할수록 소비자들이 얻을 수 있는 실질적인 정보량은 줄어들기도 한다. 정보공개를 엄격하게 할수록 기업에게는 광고를 열심히 할 인센티브가 사라질 수 있기 때문이다. 그 결과 제품에 대한 정보가 줄어들어 소비자들이 제품 구매 시 판단할 근거가 오히려 줄어들게 될 수도 있다. 기업은 의무적으로 정보공개를 하도록 돼 있는 것만 최소한으로 공개하고 그 외의 내용은 공개하길 꺼리게 될 수도 있다. 제품정보를 친절하고 자세히 공개했을 때, 정부가 그 내용을 보고 새로운 규제를 요구하거나 소비자의 불완전한 정보 해석 능력으로 큰 손해를 볼 수도 있기 때문이다. 기업이 정확한 정보를 공개했음에도 불구하고 사람들은 이를 오해하는 경우도 있다.

2
규제의 천태만상, 불편한 진실

■ 부동산 가격 폭등, 규제로는 잡기 어렵다

 2020년, 부동산은 우리 사회를 온통 들끓게 한 문제였다. 언제부턴가 집값이 오르기 시작하더니 역대 정부 최고치를 연일 경신하고 있다. 서울 일부 지역에서 시작된 아파트 가격 폭등은 서울 전체, 지방으로 확산되더니, 다시 전세로, 월세로 옮겨 붙고, 다세대 주택에까지 영향을 주고 있다. 2020년 8월, 경실련은 문재인 정부 3년간 서울 전체 주택가격이 35%, 아파트값 상승은 52%에 이른다는 분석을 내놓기도 했다. 왜 이런 현상이 발생했을까?

 국토교통부에 따르면, 서울 지역의 아파트 공급량은 꾸준히 증가해 왔다. 준공 건수에서 멸실 건수를 뺀 실질 입주 물량을 보면, 2010년 24,910채

등 매년 2~3만 채가 공급됐고, 2017~2019년에만 연평균 25,719채가 신규 공급됐다. 이처럼 부동산 공급이 이뤄졌음에도 가격이 상승한 이유는 부동산을 사려 하는 사람이 많아졌기 때문이다. 부동산 가격이 계속 오를 거라는 기대와 1%대의 낮은 은행 이자율이 부동산 가격을 상승시킨 것이다.

이런 부동산 가격 폭등에는 규제도 한 역할을 했다. 2017년 8월, 정부는 서울 전 지역과 경기도 과천, 세종시를 투기과열지구로 지정했다. 2011년 말, 강남3구가 투기과열지구에서 해제돼 없어졌던 것을 다시 되살린 것이다. 이 규제로 서울 강남 등 투기과열지구 내 9억 원 이상의 아파트 구매 시 대출이 집값의 40% 이하로 조정됐고, 조정대상지역은 50% 이하로 조정됐다. 기존 집값 70% 이하 대출 기준을 이렇게 확 줄이자, 8억 원대의 부동산에 대해서는 부동산이 더 오르기 전에 구매해야 한다는 심리를 만들어 냈다.

이렇게 한번 들썩거린 부동산 시장은 곧 투기과열지구가 아니어서 규제를 받지 않는 인접 지역의 부동산 가격을 올리기 시작했고, 이어서 5억, 6억 원대의 아파트도 곧이어 값이 올라가기 시작했다. 7억, 8억 원대의 아파트 가격이 올라가면서, 그 이하의 아파트도 가격이 연쇄적으로 올라가 버린 것이다. 정부는 이를 막기 위해 조정대상지구를 서울을 비롯한 경기, 대전, 대구, 부산, 세종에서 여수, 순천, 광양에 이르기까지 전국적으로 확대하기 시작했다. 이런 부동산 조정대상지역의 확대는 곧 다시 인접 지역의 부동산을 인상시키는 원인이 됐다. 특정 지역에 규제를 하니, 규제를 하지 않는 지역으로 가서 아파트가 상승하기 전에 미리 사두려는 풍선 효과가 나타난 것이다. 그 결과 한국감정원의 자료에 따르면, 서울 지역의 6억 원 이하의 아파트의 수는 2017년 5월 67.3%에서 2020년 6월 29.4%로 급격히 줄어들었다.

　여기에 2020년 7월에는 임차인을 보호한다며 주택임대차보호법을 개정해 전세 4년 보장과 임대료 인상 5% 상한을 정한 규제를 통과시켰다. 부동산 가격이 급격히 오른데다가 전세가가 동반 상승함에 따라 어려워진 임차인을 보호하려는 조치였다. 그런데 이런 조치는 역설적으로 전세시장까지 혼란시켜 버렸다. 집주인이 전세를 월세로 돌리거나, 임대료 5% 상한 기준이 적용되기 전에, 임차인과 계약서를 다시 쓰는 행태도 발생했다. 기존 2년까지 보장받던 전세 기간이 4년까지 보장받자, 불과 한 달 만에 서울의 전세 물량이 6,000건 이상 감소하는 등 시장에서 전세 물량이 확 줄어들기도 했다.

　서울 가양동의 서민들이 주로 거주하는 22평 한 아파트에는 10여 명의 사람이 전세 계약을 위해 선착순에 제비뽑기까지 하고 경제부총리조차 전셋집을 구하는 데 어려움을 겪는 기현상이 나타났다. 이 와중에 청와대 정책실장은 법 적용 이틀 전 자기가 전세 주고 있던 아파트 임대료를 8억 5천만 원에서 9억 7천만 원으로 1억 2천만 원, 14.1%나 올렸다. 자기도 지키지 못할 규제를 만든 것이다. 가양동 아파트의 경우, 보통 계약자 간 협의를 통해 결정하는 이사 날짜를 기존 세입자가 이사 가는 날짜에 무조건 맞춰야 한다는 조건도 있었다. 갑자기 전세 물량이 줄어드니, 전셋집이 필요한 사람들은 급전을 구해서라도 집주인의 요구에 따라 맞출 수밖에 없어진 것이다. 2021년 1월, 주택임대차보호법 6개월 동안 전세와 월세를 섞은 반전세가 4.7% 늘었다. 세입자 입장에선 월세 부담이 늘었으니, 서민을 보호하겠다는 정부 의도와 반대가 된 것이다.

다음엔 어떻게 됐을까? 이제 전세를 구하기 힘드니 차라리 빚을 내서라도, 부모에게 돈을 빌려서라도 집을 사야겠다는 수요가 나타나고, 이것은 다시 상대적으로 낮은 가격의 아파트나 지금까지는 부동산 난리에서 벗어나 있었던 다세대나 연립주택에까지 가격 인상이 옮겨 붙기 시작했다. 실제로 국민은행의 조사에 따르면, 2020년 6월 15일 이후 6개월간 전국의 아파트값 상승률은 7.05%로 그 이전 6개월의 2.43%에 비해 세 배 이상 증가했다. 부동산은 실수요자 위주로 거래돼야 하고, 감당하기 힘든 대출까지 하면서 고가의 아파트를 사면 안 되고, 전세임차인은 상대적으로 어려운 사람이니 두텁게 보호해야 한다는 이 정책이 이런 부동산 시장의 혼란을 불러온 것이다.

이처럼 강력한 규제에도 부동산 시장이 정부가 원하는 대로 가지 않으니, 이제 정부는 부동산 구매 시 자금 출처를 제출토록 하는 규제를 만들었고, 국회에는 부동산을 감독하고 조사하는 기구를 설치하는 법안이 발의돼 있다. 투기 수요의 억제와 실수요자 중심의 건전한 거래로 안정된 부동산 시장을 만들어 보려 한 조치는 결국, 온통 규제로 집을 가진 사람도, 집을 사려는 사람도, 집을 팔려는 사람도 어렵게 만들었을 뿐만 아니라, 부동산 가격은 가격대로 폭등시킨데 더해, 원래는 정부가 정한 70%의 담보 대출 기준에 따라 자산을 적절히 융통해 아파트를 사고, 팔고, 신고해 오던 국민들이 이제는 부동산 구입에 든 돈이 어디서 났는지를 정부에 검사받아야 하는 상황이 된 것이다. 혹시라도 부동산 거래 감독기구가 만들어지면, 국민들의 부동산 거래에 대한 정부 개입은 더욱 커지게 될 것이다.

부동산 감독기구를 금융감독원 사례를 들어 필요하다고 할 수도 있다. 그런데 금융기관은 여신과 수신 과정에 정보 비대칭(information asymmetry)의 우위를 가지고 있어 감독이 필요할뿐더러, 한두 금융기관의 실패는 전 국가에 미치는 효과도 크다. 그래서 일정한 감독이 필요하다. 그런데 부동산은 다르다. 부동산 감독기구의 감독 대상은 부동산협회도 아니고 부동산기관도 아니다. 개별 부동산 거래다. 개인들의 부동산 거래와 부동산 업자가 주요 주체인 것이다.

그렇다면 부동산 감독기구를 만들면 어떻게 될까. 부동산 가격 안정을 위해 부동산 전담기구를 만들어 부동산 가격 추이와 거래를 상시적으로 들여다보고 개입하겠다는 거다. 걱정은 이것이다. 관료기구는 한번 만들어 놓으면 스스로 일을 만드는 자가 발전을 한다. 부동산 시장 감독이 미션인 기구를 만들면, 시장가격 동향조사, 가격 특이치 포착, 부동산 업자 교육, 부동산 거래 시 각종 증빙 요구, 자금 출처 증빙, 드디어는 아파트 장기충당금 내역 조사 등등 무수한 규제를 만들어 나갈 가능성이 높다. 어쩌면 부동산 거래 시 반드시 교육을 받으라는 규제가 생길 수도 있을 거다. 이 기구는 이런 일을 잘해야 평가를 잘 받는다. 부동산 거래에서 지금보다 강한 규제를 받는다는 의미다. 이상한 건, 2021년 전까지 우리나라에서는 부동산 감독기구 없이도 부동산 시장의 무수한 공급자, 소비자, 중개인이 알아서 거래를 잘 해왔다는 것이다. 물론 몇 번의 급등기가 있었지만 상설 감독기구를 만든다는 창의적 생각은 안 했다. 부동산 감독기구를 만들 때의 규제 과잉에 대한 우려가 크다는 것을 알았기 때문일 것이다.

■ 시간강사법, 강사도 힘들고 학문도 망가뜨린다

시간강사의 처우 개선을 위해 고등교육법 일부개정법률안이 국회 본회의를 통과한 것은 2018년 11월 29일이다. 2011년 지방의 한 시간강사가 자신의 열악한 처지를 비관해 스스로 목숨을 끊은 이후, 온 사회의 관심거리가 된 지 8년 만이다. 2011년, 시간강사의 처우 개선을 위한 법안이 제정됐으나, 시간강사, 대학 모두에 반발을 사 8년간 네 차례나 시행이 미뤄진 이 규제가 전격적으로 국회를 통과해 2019년 9월부터는 전국 모든 대학에 적용되고 있는 것이다. 그렇다면 오랜 진통 끝에 실현된 시간강사의 처우 개선은 실현되고 있는 것일까?

통상 시간강사는 대학원 과정을 밟고 있거나 석사 혹은 박사학위를 취득한 후, 연구원이나 대학, 혹은 그 외 다른 직장에서 정규직으로 자리 잡기 전 거쳐 가던 자리였다. 매학기 대학과 계약으로 임용이 결정되는 임시적인 자리여서 강의에 대한 수당만을 받게 되니, 방학에는 수입이 없는 자리이기도 했다. 시간강사의 어려움은 시간강사의 수에 비해, 이들이 가고자 하는 정규직의 일자리는 그보다 훨씬 적었기 때문이다. 대학교수, 연구소 소속 연구원 등 주로 연구를 전업으로 하는 직장에 자리 잡기 위해 시간강사는 치열한 경쟁과 고달픈 시기를 보내는 것이 일반적이었다. 30대 중반이나 돼야 취득한 박사학위에도 시간강사란 임시직의 불확실함을 견디고, 이들 간 경쟁에서 살아남은 사람들이 정규적인 직업인이 됐던 것이다.

시간강사라는 자리의 취약성은 계약 연장의 불확실성에도 있었다. 매 학기 새로 계약을 하는 구조이다 보니, 이번 학기 강의를 하면서도 다음 학기 강의를 할 수 있을지, 아니 정확하게는 생계를 유지할 수입을 유지할 수 있을지를 걱정하는 것이 시간강사가 처한 어려움이었다. 시간강사의 선발은 대학의 수요에 의해 이뤄지게 마련이고, 대학의 의사결정은 학과의 강의를 편성하고 개설하는 학과장을 비롯한 학과 교수의 의견이 존중될 수밖에 없다. 시간강사와 교수의 수직적 관계가 형성될 가능성이 큰 구조였던 것이다. 이런 상황에서 시간강사는 교수가 하는 요구, 혹은 부탁을 무시하기는 쉽지 않으며, 이런 관계를 이용해 몇몇 교수의 경우, 시간강사에 터무니없는 요구를 하는 경우도 있었다. 개인적인 집안일 부탁, 논문 작성 등에 상당한 기여 요구, 가끔은 비서처럼 수시로 연락해 이런저런 잡일을 시키는 경우도 있었다. 이런 물밑에 잠복한 문제가 2011년 한 시간강사가 세상을 떠난 후, 반드시 해결해야 할 심각한 과제로 대두된 것이다.

  2011년, 시간강사의 처우 개선을 위한 법안이 여야 합의, 일사천리로 국회를 통과한 것도 이 때문이다. 그런데 이런 좋은 취지의 법안이 왜 무려 8년이나 시행되지 못했던 것일까? 정작 시간강사도 이 법의 시행에 반대해 왔다. 시간강사 처우를 개선하겠다는 이 법이 오히려 시간강사를 힘들게 할 수 있다는 우려 때문이었다. 2019년 대학교육연구소의 분석에 따르면, 2011년부터 2018년, 시간강사의 처우 개선을 위한 법안이 유예된 이 기간 동안 무려 2만 2,397명의 시간강사가 감소했다. 2011년 6만 226명이었던 시간강사가 3만 7,829명이 된 것이다. 여기에는 정부가 대학구조 개혁평가에서 전임교수 확보율을 강조하면서 같은 기간 동안 전임교수가 6,352명 증가한 것도 한몫을 했다. 그러나 전임교수가 3과목을 맡아 시간강사 3명의 강의를 대체했다고 해도, 적어도 3,341명의 시간강사가 줄어들었다. 시간강사법이 시행될 것이라는 기대만으로도 이 정도였던 규제 효과는 2019년 9월, 법 시행에 돌입하자 더 큰 황당함이 발생했다. 이화여대는 1,053명이던 시간강사가 한 학기 만에 522명이 됐고, 연세대는 교양과목과 공통기초과목이 전년도에 비해 17%나 감소했다. 이들 과목은 주로 시간강사가 맡아오던 것들이다.

그런데 이 규제의 사회적 영향은 이것이 끝이 아니었다. 강의 수의 감소는 학생들에게는 수강이 가능한 강좌의 수가 줄어들거나, 소규모 강의를 통폐합해 대형화하면서 더욱 열악한 수업환경을 감수해야 한다는 것을 의미하는 것이기 때문이다. 갑자기 같은 등록금을 내고, 선배들보다 열악한 교육을 받아야 하는 상황에 봉착한 것이다. 강사의 전공 분야에 특화돼 강의 하나하나가 차별적일 수밖에 없는 대학 강의의 특성을 고려할 때, 학생들이 겪은 학문 경험의 기회 상실과 축소는 결코 작은 것이 아니다. 더 큰 문제는 이 규제가 향후 학문생태계에 엄청난 타격을 가할 것이라는 점이다. 박사 취득 이후 불확실하나마 생계를 유지할 수 있게 해 줬던 강사라는 자리가 급격히 감소하게 되면, 박사라는 도전적인 과정을 이수해 전문연구자와 교수자의 길을 가보겠다는 대학원생이 생겨나기 더욱 힘들어질 것이다. 시간강사법이 안 그래도 불확실한 박사과정생의 미래를 더욱 불확실하게 만들어 버린 것이다. 이래서는 학문과 교육 후속 세대의 양성이 정상적으로 이뤄질 수 없다. 다른 분야처럼, 연구와 대학교육이라는 것도 해당 분야의 전공과 전문성을 꾸준히 이어 나가야 경쟁력을 유지할 수 있다.

시간강사를 돕겠다는 좋은 취지의 규제였는데 왜 이런 현상이 발생한 것일까? 그것은 규제가 공짜가 아니기 때문이다. 시간강사법의 핵심은 대학에 강사의 처우를 개선하라는 것이다. 임시직이더라도 법적으로 교원의 신분을 부여해 매학기 계약을 갱신하는 것이 아니라, 최소 1년 이상 임용, 3년간 재계약을 보장해 주고, 방학에도 생계가 가능하도록 임금을 지급하며, 국민연금과 고용보험, 산재보험에 가입해야 하고, 퇴직금도 지급하도록 한 것이다. 그런데 이 모든 것에는 비용이 발생한다. 대학의 수입이 그대로인데, 비용이 늘어나는 규제를 요구하게 되면, 대학은 비용을 줄이는 방식으로 대응하게 되는 것이다. 강사의 수를 줄이고, 강좌의 수를 줄일 수밖에 없는 것이다.

누구는 이런 대학의 대응에 대해 너무 이기적이고 치사하다는 반응을 보일 수도 있을 것이다. 대학은 연간 막대한 등록금 수입을 얻어 가고 적립금도 많으니까 그 정도는 부담해야 하고, 부담할 수 있다는 논리다. 대학도 시간강사의 보호를 위한 사회적 책임감을 가져야 한다는 요구를 할 수도 있을 것이다. 그러나 대학이 스스로 강사의 처우 개선을 위해 강의료를 높이는 등의 결정을 하는 것이라면 모를까, 어느 날 정부가 규제로 대학에 대해 시간강사에 대한 두터운 보호를 위한 비용을 부담하라고 요구하는 것은 다른 문제다. 정부 규제로 추가적인 비용 부담을 져야 할 대학은 대학 운영에서 다른 부분에 써야 할 예산을 축소하거나 조정해, 추가적으로 시간강사법에 대응하기 위한 예산을 마련해야 하기 때문이다. 대학이 시간강사법에 대응하기 위한 예산을 마련하기 위해서는 다른 어떤 분야의 지출을 줄이거나 긴축해야 하고, 그 부분만큼의 애로가 발생할 수도 있다.

물론 대학 재정이 충분하다면 이것도 문제가 되지 않을 수 있다. 그러나 우리나라의 대학은 몇몇을 제외하고는 2009년부터 13년째 이어온 장기간의 등록금 인상 억제 규제, 장학금 확대 규제, 평가를 통한 정원 감축에 따른 등록금 수입이 줄어들어 긴축 운영에 들어선 지 오래다. 실제로 100억 원대의 적자를 보고 있는 대학의 사례가 심심찮게 회자되고 있다. 대학적립금 역시 2013년 8조 673억 원에서 2017년에는 7조 9,498억 원으로 줄어들었다. 이들 적립금 역시 홍익대, 연세대, 이화여대, 고려대, 성균관대 등 상위 15개의 대학의 적립금이 3조 5천 억 원 정도를 차지하는 상황을 고려한다면, 전국 400여 개가 넘는 대학 중 시간강사법의 부담에서 자유로운 대학은 거의 없을 것임을 짐작할 수 있다. 사실 이런 상황에서 시행된 시간강사법이 수많은 부작용을 초래하고 있는 현실은 어쩌면 많은 전문가에 의해 이미 예견된 일이기도 하다.

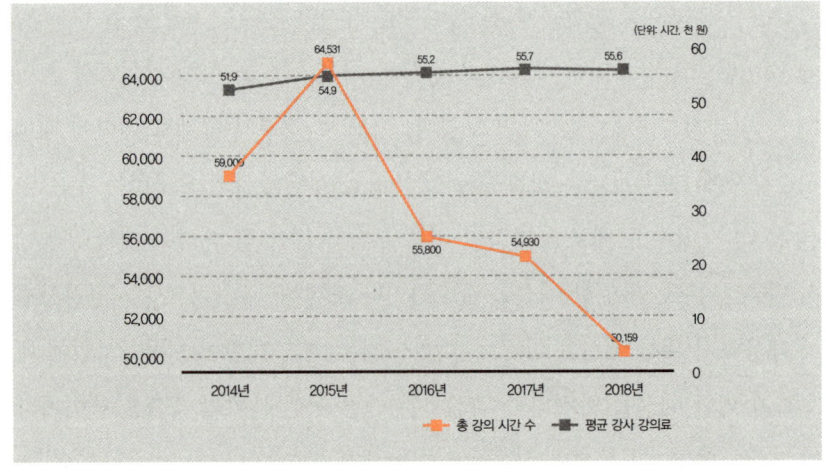

출처: 오마이뉴스(http://www.ohmynews.com/NWS_Web/View/at_pg.aspx?CNTN_CD=A0002516027).

대학알리미(2014~2018년)에 공시된 고려대학교 시간강사 평균 강의료와 총 강의 시간 수. 강의 시간 수는 4년간 23% 감소했다.

■ 중소기업 고유업종, 허약한 스몰 챔피언 양산

중소기업만 할 수 있는 업종을 지정해 대기업의 진입을 막는다. 언뜻 상생(相生)의 가치를 실현하는 규제인 듯 보이지만, 이 규제 실험은 철저히 실패한 채로 폐지됐다. 1978년 중소기업의 사업 영역 보호 및 기업 간 협력 증진에 관한 법률 개정으로 중소기업 형태로 사업을 영위하는 것이 타당하다고 생각하는 부문에 대해 정부가 중소기업 고유업종을 지정할 수 있는 근거를 마련하면서 이 제도는 시작됐다. 1982년 개정을 거치면서는 중소기업 고유업종을 지정된 분야에는 대기업의 참여를 금지할 수 있는 근거가 마련됐고, 중소기업이 사업 조정 신청을 할 경우 해당 분야에 진출한 대기업에는 사업 조정 결정이 날 때까지 일시적으로 사업 정지를 권고하는 권한도 정부가 가지게 됐다. 당시 정부가 이 규제를 도입한 취지를 보면, 대기업 위주의 경제 성장으로 발생한 독과점으로 인한 시장 왜곡, 대기업과 중소기업 간 격차 확대 등의 문제를 해소해야 할 필요가 있음을 지적한다.

그런데 2006년 정부는 이 좋은 제도를 폐지했다. 그사이에 무슨 일이 있었을까? 중소기업 고유업종으로 지정되기 위해서는 중소기업에 국한된 업종이라는 것에 타당성이 있어야 한다. 정부는 그 기준으로 생산 공정이 비교적 단순하거나 특별한 기술을 요하지 않는 것, 대량생산에 기반한 규모의 경제가 요구되지 않거나 소규모의 자본 투자로도 가능한 업종, 소량 다품종·다규격 제품으로 중소기업의 전문 생산이 바람직한 경우, 중소기업 제품의 품질이 우수한 품목을 들었다.

이 논리의 모순은 만약 중소기업이 대기업보다 잘 할 수 있는 업종이 있다면 굳이 고유업종 지정과 같은 진입 규제 지정이 불필요했을 거라는 점이다. 당연히 이런 업종은 대기업이 진입하려 하지 않을 것이기 때문이다. 위의 근거에도 불구하고 만약 어떤 업역에 대기업이 한번 진출해 보고자 할 때, 만약 그것이 중소기업 고유업종에 지정돼 있다면 대기업의 사업 기회가 줄어드는 결과를 초래하게 되는 것이다. 이런 의미에서 중소기업 고유업종은 대기업이 아닌 중소기업만이 할 수 있는, 혹은 중소기업이 더 경쟁력이 있는 부분에 대한 정부의 개입이 아니라, 설령 중소기업이 잘 할 수 있다 하더라도, 그런 중소기업의 업역에 대해 대기업의 진입을 규제로 막아 줌으로써 중소기업이 나름의 경쟁력을 갖고 안정적인 사업을 운영할 수 있도록 하는 제도임을 알 수 있다.

이렇게 중소기업 고유업종으로 지정된 대표적인 업종을 보면, 울타리철선 제조업, 강관 전주, 상업용 저울, 쌀통 제조업, 탁상시계 제조업, 안경렌즈, 구명정, 이어폰, 핸드백, 가살, 탁구대, 보청기, 일회용 주사기, 김치 등 업종을 가리지 않고 다양했다. 1989년 중소기업 고유업종이 가장 많이 지정된 시기를 기준으로 1만 9,156개의 사업체로 제조업 전체의 무려 29.2%가 이 제도의 적용을 받았었다. 그러나 결과적으로 중소기업에도 도움을 주지 않았다는 것이 경험적으로 입증되면서, 이 규제는 1979년 최초 23개가 지정된 이래 1989년 237개로 최고에 이른 뒤, 급속히 지정업종이 감소해 2002년에는 45개로 줄어들었다가 2006년에는 제도 자체가 폐지되는 과정에 이른다.

두부는 2006년 마지막으로 이 규제가 폐지될 때까지 유지됐던 중소기업 고유업종이었다. 이후 이 제도는 다시 중소기업 적합업종이란 이름으로 부활하지만 말이다. 황인학의 연구 "중소기업 적합업종 제도의 본질과 문제점: 두부 제조업의 사례"에 따르면, 2004년에 비해 2010년 포장두부 시장은 85%가 커졌고, 판두부 시장은 12% 감소했다. 고유업종 폐지로 과거에 같은 모양, 같은 형태의 판두부가 식탁을 거의 채우던 것에서 찌개용·구이용 다양한 두부가 나왔으며, 연두부·콩두부 등 특수한 두부제품도 등장했다. 이들 제품은 깨끗하게 포장돼 위생적이기까지 했다. 이것이 중소기업 고유업종이 폐지된 이후 6년 만에 소비자 입장에서는 좀 더 다양한 두부를 그것도 깨끗한 상태로 구입할 수 있으니 그만큼 선택의 여지가 넓어진 것이다. 두부시장 자체도 2004년 1,660억 원에서 2010년에는 3,074억 원으로 거의 두 배 증가했으니 기업 가치도 증가했다.

사실 두부시장은 특이하다. 우리나라 사람들은 판두부 일색의 시장을 당연하게 생각했겠지만 이웃나라 일본에선 온갖 종류의 두부가 판매되고 있었기 때문이다. 일본여행을 다녀온 이들이 일본 식료품에는 흔히 보이는 다양한 포장 두부가 왜 우리나라에는 보이지 않는지에 대해 얼마나 깊이 생각했을지 모르겠다. 일본에는 없는 중소기업 고유업종제도가 그 원인이었는데도 말이다.

중소기업 고유업종이 철저히 실패한 이유는 여러 가지지만, 중소기업을 지원이 아닌 보호의 대상으로만 보고, 최대로는 29%나 되는 사업체가 적용받는 제도를 지정했기 때문이다. 이렇게 되면, 해당 업종에 대기업의 진입이 제한될 뿐더러 중소기업의 진입은 더욱 활발하게 이뤄지게 된다. 보호된 시장에서 과당 경쟁이 벌어지게 되면 기업의 생산에 따른 부가가치가 줄어들 수밖에 없다. 업역에 영세한 사업체가 출몰하게 되고, 이렇게 형성된 레드

오션에서 기업 경쟁이 벌어지게 되는 것이다. 실제로 1989년 고유업종으로 지정된 스테인리스 용접 강관의 경우, 이후 10년간 시장 규모가 2배 커지는 동안 기업 수는 4배가 증가했다. 골판지 상자 제조업의 경우, 2,500여 개의 업체가 그야말로 피를 튀기는 경쟁을 하는 상황이 벌어지기도 했다.

중소기업 고유업종은 국내 기업과 해외 기업의 역차별을 통해 외국의 대기업이 중소기업 고유업종에서 경쟁력을 가지게 되는 역설을 초래하기도 했다. 실제 대기업이 배제된 업종에는 상대적으로 품질 개발, 브랜드화, 마케팅 등의 투자 여력이 부족한 중소기업만이 남게 됐는데, 여기에 중소기업 고유업종의 적용을 받지 않는 외국 업종이 빠르게 진입한 것이다. 대표적인 기업이 문구류에 진입한 3M이었다. 5만여 개의 문구 제품을 제조, 생산하는 이 업체의 품목 중 노트, 지우개, 장부책, 연하장, 크래프트지, 습강지(濕强紙), 앨범 등이 모두 중소기업 고유업종이었다. 3M과 경쟁하는 국내 중소기업들이 경쟁력을 가질 수 없었고, 그 과정에서 이 회사는 우리나라 문방구 시장을 빠르게 잠식해 나갈 수 있었다.

안경테도 재미있는 사례다. 1983년에 지정, 2006년 해제될 때까지 중소기업 고유업종으로 지정되는 과정에서 1984년 41개 업체가 1996년에는 500개로 업체 수가 증가했지만 대부분 종업원 10인 이하, 자본금 5천만 원 이하의 영세업체였다. 이 와중에 1995년 안경시장 개방으로 관세율이 낮아지자, 불과 1년 만에 수입 안경테의 비중이 25%에서 29%로 증가했다. 특히 고급 안경테의 경우, 수입제품에 자리를 내주는 상황이 전개되기도 했다. 중소기업 고유업종으로 지정된 업종의 경우, 품질경쟁력이 약화될 가능성이 컸다는 것을 보여주는 것이다. 실제 중소기업 고유업종 지정 사업체들은 품질보다는 가격 경쟁에 훨씬 몰두했다. 2004년 임태진의 논문 "중소기업 고유업종제도의 현황 및 개선 방안에 관한 연구"에서 23%의 기업이 품질을 경쟁력으로 본 반면, 무려 62.1%의 기업이 가격이 경쟁력의 원천이라고 밝히기도 했다.

결과적으로 중소기업 고유업종은 진입 제한을 통해 대기업의 사업 기회를 축소시켰고, 몇몇 중소기업에는 안정적인 업역을 보장해 주는 역할을 했는지는 몰라도, 장기적으로는 해당 업종으로의 중소기업 진입의 확대에 따른 레드오션의 형성과 기업 수익의 하락, 품질 및 연구개발 투자 여력의 부족으로 기업 영세화 및 경쟁력 약화를 초래했다. 이 과정에서 몇몇 업종에서는 외국의 기업이 오히려 국내 시장을 잠식하는 역설이 벌어지기도 했다. 무엇보다 두부의 예에서 보듯이 국내 소비자들은 이 규제가 없었다면 시장의 품질 경쟁 등을 통해 출시됐을 다양한 제품을 소비할 수 없게 됐던 것이다.

■ 세월호 참사, 과연 배가 오래돼서 그런가

세월호는 1994년 일본에서 건조된 선박으로 승용차 88대, 트럭 60대, 컨테이너 247개를 적재하고, 승객은 956명을 태울 수 있는 선박이었다. 원래 이 선박은 승객 700여 명이 탑승 가능했었는데 2012년 한 차례의 구조 변경을 통해 탑승이 가능한 승객 인원 수가 증가했다.

2014년 4월 16일은 끔찍한 날이다. 수학여행 가던 안산시 단원고등학교

학생들을 포함 476명의 승객과 함께 진도 앞바다에서 세월호는 침몰했다. 304명이 사망한 이 사고는 오랫동안 우리 사회 전체의 트라우마로 남았다. 안전불감증과 관료의 복지부동과 불법, 취약한 위기 대응 능력은 두고두고 우리 사회의 부끄러운 모습으로 기억될 것이다.

그런데 세월호 사고가 나자 정부와 국회가 사고 경위 분석과 함께 서두른 것은 각종 안전 규제를 강화하는 것이었다. 이번 기회에 선박 안전의 사각지대를 철저하게 분석해 규제를 통해 사고 가능성을 철저히 방지하겠다는 의도였다. 선령(船齡) 규제는 이 과정에서 가장 논란이 된 규제 중 하나였다. 2009년 정부는 선박의 효율적 활용을 위해 기존 20년이었던 여객선 선령을 30년으로 늘렸었다. 2012년 일본에서 퇴역한 선박을 사들여 여객선으로 개조된 세월호는 이 규제 완화 조치로 우리나라에서 여객 운행이 가능해졌다. 선령 제한이 20년으로 유지됐다면 1994년부터 18년이나 항해하던 세월호를 굳이 청해진 해운이 사들여 돈을 들여 구조 변경 등을 하지도 않았고, 세월호 침몰과 같은 끔찍한 사고도 당연히 나지 않았을 것이라는 논리다. 이렇게 세월호 사고 후, 선령 제한이 논란이 되자 정부는 선령 제한을 30년에서 25년으로 다시 낮췄다. 오래된 선박은 노후화돼 사고 발생 가능성이 높으니 특정 선령에 이르면 운행 자체를 금지시키는 것이 최선이라는 것이다.

블랙볼 페리(Black Ball Ferry)사의 코호(M.V. COHO)는 시애틀 근교 항구도시 포트 엔젤레스와 캐나다 빅토리아(Victoria)를 왕래하는 카페리다. 1959년 12월에 첫 항해를 한 이래 무려 63년 동안이나 운행 중인 이 배는 이 회사의 자랑이다. 2004년에는 좀 더 강력한 신형 엔진으로 정비가 이뤄지기도 했다. 배를 타면 최대 110대의 차량과 1,000명에 이르는 관광객을 실어

나르는 연안여객선 여기저기 코호의 역사와 자랑스러움을 내보이는 문양과 안내서를 쉽게 볼 수 있다. 코호는 지금도 정상적으로 영업을 수행하고 있으며, 지속적인 정비를 통해 앞으로도 한참 동안은 블랙볼 페리사의 주력 선박으로 미국과 캐나다 사이 푸젯사운드(Puget Sound)만을 넘나들 것이다.

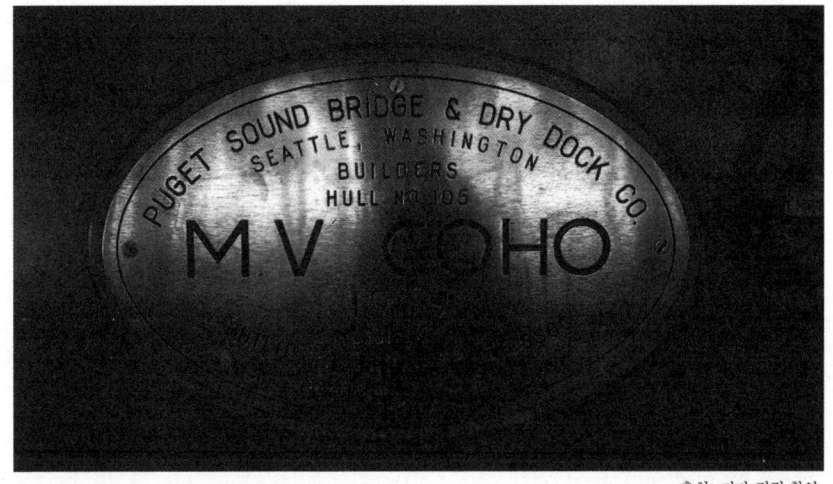

출처: 저자 직접 촬영.

1959년부터 지금까지 운항 중인 블랙볼 페리사 코호(M. V. COHO)의 자랑스러운 문양

배를 60년도 넘게 운행할 수 있을까? 20년, 30년을 여객선 운항의 마지 노선으로 간주하는 우리나라의 오랜 정서와 규제의 관점에서 보면 당혹스러운 일이다. 코호를 보면서도 과연 선령 제한 규제를 20년에서 30년으로 늘려 주지 않았으면 세월호 사고 자체가 없었을 거라는 주장이 합리적인 지적일까? 그래서 30년으로 다시 25년으로 낮추면서 이제 더 이상 노후 선박

으로 인한 침몰사고가 없을 거라 안심할 수 있을까? 우리나라와 일본, 중국은 1980년대 이래 세계 조선시장 거의 대부분을 장악할 정도로 기술력 있는 조선산업 강국이다. 블랙볼 페리사의 코호를 운영하는 미국, 캐나다가 우리보다 기술력이 훨씬 뛰어나 그렇게 오래 배를 운항시킬 수 있다는 주장도 불가능한 것이다.

선박의 운항은 선령에 있는 것이 아니고, 배의 상태에 있다. 물론 오래된 배일수록 상태가 나쁠 가능성이 높다. 그러나 새로 건조한 배라도 중요한 부품이나 장치가 고장 나거나 오작동될 수도 있다. 그래서 어느 선박 회사든 선령과 무관하게 보유한 배를 운행하기에 충분한 상태로 정비할 의무와 책임이 있다. 정부가 선박 회사나 선주에 이에 대한 규제를 두고 관리하는 것도 이 때문이다. 선박 내의 안전관리 역시 마찬가지다. 사고 시 구명보트를 최적의 상태로 갖춰야 하고, 선박 내에 적재한 차와 짐은 흔들리지 않게 단단히 묶어 둬야 하는 것이다. 회사는 별도의 선박 관리 규정을 두고 이런 일에 소홀한 승무원을 징계하기도 한다. 선박의 안전은 이런 다양한 장치를 통해 확보되며, 주기적 안전 점검을 통해 더 이상 출항이 어렵다고 판단된 선박은 선령에 무관하게 출항이 금지돼, 전면적 구조 보강을 하거나 퇴역시키게 되는 것이다.

결국 세월호 사고는 선령 때문이 아니다. 세월호 사고 원인으로 지목되고 있는 것은 여러 가지다. 정비가 부실했고 과적에 고박(固縛)을 안 하는 등 안전 조치가 취약했으며, 암초에 충돌했을 수도 있고, 구조 변경으로 배의 안전성 결함이 있었을 수도 있으며, 급격한 항로 변경으로 배의 복원력이 상실됐을 수도 있다고 한다. 그러나 이 모든 원인이 다 맞다 하더라도 세월호가 너무 오래되고 낡아서 안 나야 할 사고가 난 거라는 주장은 합리적일 수 없다. 세월호가 낡아 사고가 난 거니, 낡은 배는 아예 운행을 못하게 해야 한다는 주장은, 마치 교통사고로 도로는 위험하니 차량에도 운행 가능 연령 제한을 두자는 아이디어와 유사하다. 집이 너무 오래되면 벽이 갈라질 수도 있고, 위험하니 일정 기간이 지나면 의무적으로 주택을 재건축해야 한다고 규정한다면 어떨까? 자동차와 집 역시 나이가 문제가 아니라, 얼마나 잘 관리했고, 그 결과 타거나 살기에 충분히 편한가와 안전한가가 문제가 된다. 쿠바에선 1950년대에 제작된 미국의 올드카가 여전히 쌩쌩하게 다니고 있다.

워낙 엄청난 사고를 겪은 뒤라 선령 제한이 20년으로 유지됐다면 세월호가 아예 없었을 것이고, 사고도 나지 않았을 것이란 희망 사항은 이해하지만, 조금만 더 생각해 보면 이런 식의 사고방식의 단순함이 지나치다는 것을 쉽게 알 수 있다. 실제 세월호 사고 이후, 한참 동안 전국 거의 대부분 초중등학교에서 계획하던 수학여행을 취소하기도 했다. 그러나 그렇다고 이제 수학여행을 전면 금지하는 규제를 만들 수는 없는 것 아닌가.

■ 블라인드 채용, 대학교수까지도 해야 하나

2018년부터 한국과학기술원·울산과기원·대구경북과기원·광주과기원은 교수 채용 시 블라인드 채용을 해야 한다. 나이, 출신지, 출신 학교를 입사 시 고려하지 않도록 해야 하는 정부의 블라인드 채용정책이 공공기관에도 적용됐기 때문이다. 과학기술부는 산하 공공기관에 블라인드 채용 가이드라인을 내려 보냈는데, 이들 과학기술 특화 대학들도 이 제도 적용 대상인 공공기관에 해당된다. 이들 대학에서는 신임교수 채용을 위한 교수회의에서 학력란을 없애야 하는지를 두고 갑론을박을 벌였지만 정부의 가이드라인을 지킬 수밖에 없었다. 그런데 이렇게 교수를 블라인드 채용으로 뽑는 게 가능하고, 꼭 그래야만 할까?

원래 블라인드 채용제도를 도입한 취지는 지원자의 학력과 경력, 그리고 나이나 출신지, 특히 출신 고교 등이 채용에 영향을 줘 공정성을 훼손하고 있다는 인식 때문이었다. 방법은 아예 이런 정보를 채용 시에 고려하지 않도록 하는 것이었다. 채용 과정에서 있을 수 있는 지원자의 개인정보에 의한 심사 왜곡을 사전에 제거하는 방법이 블라인드 채용인 것이다. 이 제도를 통해 SKY와 같은 특정 대학 출신이란 사실이 주는 확정 편향성, 특정 지역 출신으로 채용에 혜택, 혹은 불이익을 받았다는 의혹을 원천적으로 방지할 수 있다는 것이다. 정부의 블라인드 채용은 공무원과 공공기관에 적용됐다. 카이스트(KAIST)를 비롯한 대학에도 블라인드 채용을 의무화한 것이다.

블라인드 채용이 의무화된 이후, 서울 소재 금융공기업에서 SKY 출신 신입사원이 더 늘었다는 것은 흥미롭다. 금융감독원은 51.4%에서 53.4%, 예금보험공사는 46.7%에서 50.7%로, 산업은행은 47.8%에서 48.3%로 증가한 것이다. 물론 블라인드 채용 도입 전 후 SKY 출신 신입사원의 비중은 28.1%에서 22.1%로 전체적으로는 감소하기는 했다. 왜 이런 현상이 벌어진 것일까? 먼저 서울 지역은 다른 지역에 비해 신입사원의 선호도가 높은 지역이다. 상대적으로 입사 경쟁이 높을 수밖에 없으며, 블라인드 채용과 무관하게 SKY 대학 출신들이 지원할 가능성이 높다. 블라인드 채용을 도입했으나, 서류 면접과 몇십 분 간 짧은 시간의 면접만으로는 신입사원의 역량을 파악하기 어려워진 공공기관이 필기시험을 어렵게 출제한 것도 영향을 미쳤다고 한다.

신입사원을 채용하는 것은 회사에는 가장 중요하며, 위험이 무척 큰 일이다. 회사가 필요한 인재를 적절히 선발해야 회사의 성장이 가능하기 때문이다. 반대로 좋은 인재를 채용하는 데 실패하면 회사는 인건비를 지출하면서도 회사 운영에는 오히려 부담이 되는 이중 삼중의 어려움을 겪을 수도 있다. 회사는 새로운 인재를 얻는다는 설레임과 동시에 큰 위험을 감수하며 매년 신입사원을 채용하고 있는 것이다. 이것은 공공기관이나 민간 회사나 다르지 않다. 조직의 성장이란 게 유능하고 충성도 높은 직원을 통해 이뤄지는 것은 마찬가지기 때문이다. 따라서 회사 입장에서는 블라인드 채용이 인재 채용에 다른 위험을 높이는 일일 수밖에 없다. 블라인드 채용 이후, 서울 소재 금융공기업들이 어떻게든 시험의 변별력을 높여 좋은 인재를 뽑으려 한 것도 바로 이런 이유 때문이다. 이렇게 시험이 어려워지니 금융, 경제와 같은 어려운 지식 습득 역량이 높을 가능성이 높은 명문대학 출신의 신입사원 채용이 증가한 것이다.

그렇다면 카이스트와 같은 대학에서 교수 채용 시 블라인드 채용을 요구하는 것은 어떨까? 다른 직업도 마찬가지지만, 특히 교수는 전공 분야에 대한 전문성이 요구되는 직업이다. 원자력이나 양자공학, 생명공학, 반도체나 기계, 인공위성 분야는 일반인의 지식으로는 도저히 알 수 없는 분야다. 아마추어의 전문성 수준으로는 도저히 이들 분야를 절대로 정확히 이해할 수 없다. 이것은 사회과학 분야도 마찬가지다. 국회와 정당정치 제도의 이론적 근거와 실제, 복잡한 정부 예산제도에 대한 이해, 규제와 연구개발 정책의 복잡한 동학과 이해관계의 중첩적 맥락, 그 안에 있는 관료라는 집단의 속성을 이해한다는 게 이 분야를 늘 들여다보고 이런저런 책을 찾아보고 가설을 세워 연구하는 학자들이 있어야만 가능한 일이다. 교수는 이렇게 고도로 전문화된 영역인 까닭에 자신이 속한 전공 분야의 실력자들을 잘 알 수밖에 없다. 자기 분야에서 저명한 사람을 모르는 사람은 사실 그 분야에선 비전문가거나 수준이 낮은 사람일 수밖에 없다. 이렇게 보면 좋은 대학의 교수일수록 전공 분야 교수 임용에 대상자가 당연히 알려져 있는, 혹은 조금만 알아보면 경력을 쉽게 알 수 있는 사람일 수밖에 없는 것이다.

물론 카이스트 교수 채용을 블라인드로 진행할 수도 있을 것이다. 블라인드 채용을 통해서도 역량을 갖춘 분을 채용할 수도 있다는 주장도 가능하다. 꼭 출신지를, 나이를, 학력을 알아야 하는 것이 아니고, 연구논문의 수준으로도 역량을 알 수 있다는 논리도 가능하다. 그런데 신임교수를 채용할 때, 이것만으로 충분할까? 사실 박사는 어느 대학 출신인지가 매우 중요하다. 이것은 외국도 마찬가지다. 같은 외국 박사라도 하버드대학 출신과 지방의 평범한 주립대학 출신을 같이 놓고 볼 수는 없다. 역량의 차이도 차이려니와 이런 배경의 차이에서 오는 국제적 네트워크의 차이는 연구자로서 중요하게 평가받아야 할 요소이기 때문이다. 대학이 세계적 수준으로 발돋움하고, 이를 유지하기 위해서는 연구 성과가 높고 국제적으로도 최고 수준의 네트워크를 보유하고 있는 교수가 많아야 한다는 것은 당연하다.

사실 카이스트 교수를 블라인드로 채용한다는 것은 불가능한 일이기도 하다. 매우 좁은, 그리고 전문적인 특정 분야에 전문성을 갖는 채용 대상자는 그리 많지 않을 가능성이 높고, 심사위원은 어쩌면 얼굴만 봐도, 그 지원자가 누구이고 어디 출신인지를 아는 사람일 가능성이 높다. 다수의 심사위원이 있는데, 이들 중 아무도 모르는 누군가가 블라인드 채용을 통해 교수가 됐다면 이것도 이상한 일 아닐까? 연구 분야의 전문성을 확보하고 학과의 경쟁력을 높이기 위해 노심초사하는 학교와 학과에서 교수를 뽑을

카이스트 교수 임용 지원서 학력 사항에는 출신 대학교가 빠져 있다.

때, 블라인드 채용을 요구한다고 해서, 정말 지원자의 배경을 하나도 파악하지 않은 상태에서 선택을 할 것인가도 의문이다. 그리고 만약 그렇다면 그것이 더 큰 문제다.

■ 인증, 왜 트럭과 지게차를 합칠 수 없었나

인증이란 제도가 있다. 제품이나 서비스 등이 정부가 정한 표준이나 기술기준을 충족하는지 평가해 사용이나 시장 판매가 가능하도록 하는 제도다. 전기용품은 감전이나 화재, 그 밖의 산업재해를 유발할 우려가 있어 반드시 시판 전 인증을 통과해야 한다. 시장에 아무 제품이나 판매할 수 있도록 한다면 소비자가 모를 위험이 있거나 품질을 적절히 갖추지 못한 상태로 이용되거나 유통되는 등의 문제가 발생할 수 있다. 인증은 이에 대비하기 위한 제도다.

이런 인증은 광범위하게 적용되고 있는데, 2016년 최근까지 정부에서 운영하고 있는 인증은 28개의 정부부처에서 법정 의무 79개, 법정 임의 의무 107개다. 정부부처 중에는 국토교통부가 31개, 산업통상자원부가 26개로 가장 많은 인증을 가지고 있다. 어린이제품 안전 인증은 산업통상자원부 소관의 법정 의무로 제조업자 혹은 수입업자는 어린이 안전 인증 대상 제품의 출고나 통관 전 모델별로 제품검사와 공장심사를 통해 해당 제품의 안전성을 증명해야 한다. 이 인증을 운영하는 것은 어린이, 특히 유아는 어른과 달리 장난감을 입으로 빨면서 노는 등 좀 더 특별한 안전 점검이 필요하다는 판단 때문이다.

이런 인증제도는 다른 나라에서도 당연히 시행하고 있는 제도로, 특정 제품에 대해 소비자가 신뢰할 수 있는 제품을 유통시키는 의미 있는 규제다. 그런데 왜 인증이 자주 불합리한 규제로, 개혁의 대상으로 일컬어지는 것일까?

SMC 중공업에서는 트럭과 지게차 기능을 합쳐 트럭지게차를 만들어 시판하면 경쟁력이 있겠다는 생각에 제품을 개발해 제작했다. 지게차는 좁은 공간에 작업이 용이하도록 설계돼 보통 도로에서는 매우 낮은 속도로 달릴 수밖에 없다. 여기에 트럭 기능을 추가하면 이동성도 좋으면서 지게차의 유용함을 갖춘 제품이 될 수 있다는 아이디어를 구현한 것이다. 2008년 개발된 이 제품을 시장에 판매하려는 순간 인증이 문제가 됐다. 국토교통부에는 자동차 관련 인증이 몇 개 있는데, 자동차 및 자동차 부품 자기 인증과 건설기계 형식 승인 및 형식 신고가 그것이다.

트럭지게차는 이 중 자동차일까, 건설기계일까? 통상 트럭은 자동차로 분류되고 지게차는 건설기계로 분류된다. 이것이 중요한 것은 어느 제품으로 분류되는가에 따라 인증기관이 달라지기 때문이다. SMC 중공업 입장에서는 트럭지게차를 개발하고도 어디에서 인증을 받아야 할지 혼란스러웠고, 이것은 정부도 마찬가지였다. 이전에는 없던 융합형의 새로운 제품이 생산됐으니 이를 기존의 인증에 기반한 제품 분류 중 어디에 적용할지, 아니면 아예 새로운 인증을 만들어야 하는지를 결정해야 했기 때문이다.

같은 국토교통부 내이지만 자동차 인증 담당 부서와 건설기계 인증 담당 부서가 다르다 보니, 이들 두 부서 모두에서 자기 부서 담당 업무는 아니라는 대답을 받은 회사로서는 도대체 어디에서 이런 제품의 안정성을 입증받아 시판해야 하는지 몰라 낭패를 보기도 했다. 정부 부서 어디에도 인증을 해 주지 않으니 시장 출시는 지연되고 이익의 실현은 늦어진 것이다. 그러다 2011년에 국토교통부는 트럭지게차를 특수건설기계로 분류하는 것으로 결정했고, 이에 따라 건설기계 안전 기준에 따라 3년 9개월 만인 2012년에야 이 제품은 시장에 출시할 수 있었다. 왜 이런 일이 발생했을까?

인증제도의 출발은 대상 선정이다. 인증을 위해서는 어떤 제품에 대해 인증을 적용할지를 결정해서 인증 기준과 절차를 마련해 제품이나 서비스의 품질을 테스트해야 하기 때문이다. 그런데 세상에는 늘 이전에는 보지 못했던 새로운 제품이나 서비스가 개발된다. 이 경우 기존의 인증을 새로운 제품에 적용해 안전성이나 품질을 점검해야 하는 어려움이 발생된다. 기술전문가가 아닌 공무원으로 구성된 정부로서는 새로운 제품이 나와, 인증기관을 정해달라는 기업의 요구가 있을 때, 이를 즉시 처리해 줄 수 없는 것이다. 자기 부서 업무만을 처리하기 때문에 자기 부서가 가진 인증 대상이 아닌 제품을 가지고 와 인증을 해달라 하면 이를 처리해 주지도 않고, 처리해 줄 수도 없다.

하나의 제품에 여러 부서의 인증을 받아야 하는 것, 대동소이한 제품에 대한 인증을 모두 받도록 한 것 역시 인증이란 제도가 가진 속성에서 찾아야 한다. 자동차는 국토교통부의 인증을 통해 제품 기능의 유효성을 입증해야 하지만, 환경부의 대기오염 관련 인증도 받아야 한다. 물론 모두 필요한 인증이다. 소비자가 잘 모르는 제품과 서비스의 품질을 일정 수준으로 유지하도록 하지 않으면 정보의 비대칭에 따른 시장 질서 왜곡이 생길 수 있기 때문이다. 특히 소비자가 이용할 수 있을 정도로 충분히 안전한 제품과 서비스가 시장에 출시되거나 수입되도록 하는 것은 정부의 당연한 역할이다.

문제는 이런 인증이 경우에 따라서는 너무 복잡하고 시간이 많이 걸린다는 점이다. 어느 부서에 가야 하고, 어떤 절차를 밟아야 하는지 파악하기가 어렵고, 이런 어려움은 중소기업이나 스타트업의 경우에 더욱 가중된다. 조금의 형식 기준이 바뀔 때마다 인증을 새로 받아야 하니 이에 따른 비용 부담도 만만치 않다. 지금은 아니지만 화장지에 대한 인증은 같은 회사에서 만든 같은 재질, 같은 제품명의 화장지임에도 50m, 100m 등 길이에 따라 각각 다른 제품으로 인증을 받도록 요구한 경우도 있었다. 자동차 선탠지의 경우, 각각 같은 재질을 가진 제품이라도 색깔에 따라 인증을 받아야 하는 경우도 있었다. 그런데 꼭 필요한 인증이라도 기업의 입장에서는 너무 번거롭고, 경우에 따라서는 불합리할 수도 있는 인증은 생각보다 개선이 더디다.

왜 그럴까? 인증 업무를 대행하는 기관의 입장에서는 인증이 안정적인 수입원인 것도 한 이유다. 정부가 특정한 기관을 지정해 인증을 맡도록 하면, 이제 해당 제품을 개발한 업체는 이들 지정기관에서 인증을 받을 수밖에 없다. 인증수수료 수입은 인증기관에 중요한 수입원이 된다. 가급적이면 다양한 제품, 다양한 모델에 대해 인증을 할 수 있으면 인증기관의 수입은 더 늘어난다. 어차피 정부의 인증제도에 의해 기업은 인증을 받지 않은 제품이나 서비스는 시장에 출시할 수 없기 때문이다.

이처럼 인증은 그 대상을 미리 정해진 분류에 따라 각각 다른 기관에서 처리할 수 밖에 없다는 점, 제품의 유형을 더 나누고 쪼개어야 수수료 수입을 높일 수 있는 구조로 인해, 그 불합리성에도 불구하고 쉽게 고쳐지지 않는다. 그래서 가끔은 경쟁사와의 기술 경쟁이나 시장 선점 전략을 위해 한

시라도 시장 출시가 시급한 신제품이 인증 과정에서 몇 년을 지체하는 사례가 발생하기도 한다.

출처: http://blog.daum.net/taehong05/15710970

개발된지 3년 9개월만에야 출시될 수 있었던 지게차의 혁신, 트럭지게차

■ 사회적 기업, 이 좋은 걸 왜 안 하려 할까

사회적 기업은 돈 버는 것만큼이나 사회적 가치 실현을 중요시하는 기업이다. 기업은 익숙한 용어니 그렇다 치고 사회적 가치는 무엇일까? 어느새 모두 다 익숙한 개념인 사회적 가치를 두고, 우리 모두는 각자 다른 생각을 가졌다. 한 가지 공통점이 있다면 돈벌이와는 무언가 다른 목표, 사회를 위해 기여할 수 있는 목표를 가진 회사를 사회적 기업이라 할 수 있을 것이다. 기업의 목표에 이윤의 실현이 아닌 사회적 약자의 보호, 환경의 보전이

나 생태계의 보호, 문화예술 기반의 확충 등이 덧붙여진 것이다.

그런데 이런 좋은 사회적 기업에 웬 규제일까? 우리나라에서 사회적 기업이 되기 위해서는 정부가 지정하기 때문이다. 고용노동부 산하의 사회적 기업진흥원은 사회적 기업이 되기 위한 요건을 정해 이를 충족한 기업을 사회적 기업으로 지정하고, 지원을 한다. 사회적 기업의 유형도 사회적 서비스 제공형, 일자리 제공형, 지역사회 공헌형으로 구체화돼 있다. 사회적 서비스 제공형은 취약계층에 사회 서비스를 제공하는 목적으로 해당 조직으로부터 사회 서비스를 제공받는 사람 중 취약계층의 비율이 100분의 30 이상이어야 한다. 일자리 제공형은 취약계층에게 일자리를 제공하는 목적으로 유급 근로자를 1명 이상 고용하고, 전체 근로자 중 취약계층의 고용 비율이 100분의 30 이상이어야 한다. 지역사회 공헌형은 조직의 목적이 지역사회에 공헌하는 것으로 조직의 지출이나 수입의 100분의 40 이상이 이런 목적에 해당되는 것이어야 한다. 2019년 10월 현재, 이런 요건을 충족한 사회적 기업은 2,306개가 지정돼 있고, 예비사회적 기업도 1,242개에 이른다.

이것을 보면 사회적 기업이 규제인 이유가 분명해진다. 사회적 기업은 시장에서 정해지는 것이 아니고, 정부가 결정하기 때문이다. 정부가 제시한 기준을 충족한 기업은 사회적 기업으로 인증을 받는 구조이기 때문이다. 반면 민간에서 아무리 이윤이 아닌 공동체적 가치를 추구하는 집단이라도 정부의 인증이 없으면 사회적 기업이 될 수 없다. 이것의 차이는 매우 크다. 사회적 기업이 되면, 파격적인 인건비 지원 등 정부로부터 각종 혜택을 받을 수 있기 때문이다. 기업 운영에 필요한 자금은 물론 정부 조달의 우선 구매 대상이 될 수도 있다. 서울특별시 가치 증대를 위한 공공 조달에 관한 조례 제7조는 사회적 경제기업에 대한 공공 조달 우대 조항을 통해 서울특별시장은 사회적 가치를 고려한 공공 조달을 위해 사회적 경제기업 간의 제한 경쟁을 실시할 수 있도록 하고 있다. 서울특별시 사회적 경제기업 제품 구매 촉진 및 판로 지원에 관한 조례에서는 제8조에서 공공기관의 사회적 경제기업 제품 우선 구매의 근거를 마련하고 있기도 하다.

이 정도면 사회적 기업이 되면 좋을 것 같은데, 사정은 조금 다르다. 사회적 기업이 그렇게 활성화되지 않고 있기 때문이다. 지방자치단체에 설치돼 있는 사회적 경제센터 등에서는 지원 기업을 구하기가 힘든 상황이기도 하다. 그 이유는 정부의 인증에 의해 지정된 사회적 기업은 운영 면에서도 정부의 상당한 규제를 받기 때문이다. 그리고 경우에 따라서는 그런 규제가 기업 운영의 자율성을 심각하게 제약하기 때문이다. 사회적 기업이기 때문에 겪는 불편함이 사회적 기업 인증을 통해 얻을 수 있는 혜택보다 커지는 순간 사회적 기업을 포기하게 된다.

그렇다면 규제로 인한 어떤 불편함이 있는 것일까? 저가형 보청기를 생산하는 딜라이트의 경우 사회적 기업이 되려면 저소득층을 전체 인원의 1/3 이상 고용해야 한다는 요건이 문제가 됐다. 돈이 없는 사람들에게 너무 비싼 보청기를 싸게 보급하기 위해 부품을 직접 수입해 자체 생산함으로써 단가를 낮추는 등 각고의 노력으로 34만 원이라는 획기적 가격의 보청기를 생산했다. 창업 3년 만에 40억을 넘길 정도로 급성장한 이 기업이 사업 시작 후 1년 만에 사회적 기업을 포기했다. 보청기는 숙련된 전문 인력이 필수적인데, 저소득층 1/3 고용이라는 인증 요건으로는 회사를 운영하는 데 필요한 생산 인력 운용이 불가능했기 때문이다.

물론 사회적 기업의 인증 설계에 적합한 기업이 있을 수 있다. 그런데 이들 기업이라 하더라도 크게 두 가지의 문제 의식이 가능하다. 하나는 사회적 기업, 즉 이윤이 아닌 사회적 가치가 필요한 집단이 정말 존재하고, 그것이 사회에 있어야 한다면 굳이 그런 조직을 일정한 요건을 통해 결정하고 지원하며, 사회적 기업이라는 이름을 붙여 줘야 하는 것일까? 사회적 기업 제도 이전에도 정부에서는 장애인, 고령자, 저소득층, 여성기업인, 중소기업 등 사회적, 혹은 기업 간 경쟁에서 상대적으로 어려울 수 있는 주체에 대한 지원을 해 왔다. 이들에 대한 우선 구매, 보조금 우선 지급, 금융 혜택의 우대 등이 그것이다. 특정한 경우에는 아예 배타적인 업역을 보장해 주는 방식의 제도도 만들어 운영했다. 장애인이나 저소득층이 운영하고 있는 지하철 플랫폼마다 있는 매점이 대표적이다. 그렇다면, 이런 제도에 더해 사회적 기업이란 제도를 굳이 두는 이유는 무엇일까?

다른 하나는 사회적 기업으로 인증된 기업들이 사회적 가치를 추구하는 것이라면 지속해서 이런 가치가 유지돼야 한다는 것이다. 그런데 기업의 목표는 사회적 기업이든 일반 기업이든 한번 생겨나면 성장이 중요하다. 이렇게 성장을 추구하는 기업은 어느 순간 사회적 기업이라는 외투가 버겁거나 불편해진다. 이 단계가 되면 사회적 기업으로 누리는 혜택보다 규제로 인한 불편함이 커지기 때문이다. 많은 사회적 기업들이 인증 연장을 포기하는 순간이 바로 이때다.

그렇다면, 사회적 기업제도는 사회적 가치를 추구하려고 시작한 특정한 기업들이 일반 기업으로 성장하는 데 필요한 인큐베이팅 역할을 하는 것일까? 그렇다면 왜 어차피 일반 기업이 될 이들 사회적 기업에 다른 일반적인 기업과는 다른 혜택을 별도로 줘야 하는 것일까? 2015년 서울시는 사회적 경제기업 간의 제한 경쟁제도를 적용한 조달을 적용해, 인쇄매체는 32억 1,800만 원으로 전체 구매액의 23.71%, 종이제품의 경우 12억 2,000만 원으로 58.95%, 빵과 제과의 경우 1억 5,000만 원으로 33.20%의 공공 구매의 성과를 이뤘다. 그런데 이런 성과를 어떻게 해석해야 할까? 사회적 기업 외에도 동네마다 빵집 하나씩은 다 있고, 인쇄업과 종이제품업도 영세하긴 마찬가지다. 그렇다면 과연 이들 기업이 사회적 기업보다 더 형편이 낫다고 할 수 있는 것일까?

결론적으로 사회적 기업제도를 적용받는 기업은 기존에 사회적 기업이라는 새로운 용어가 없었던 시절에도 정부의 다양한 지원사업의 혜택을 받아 왔다. 그리고 사회적 기업을 거쳐 일반 기업이 된 기업은 사실은 사회적 기업이란 제도의 수혜를 받으면 안 되는 기업들이었다. 사회적 기업이 아닌 무수한 다른 일반 기업도 힘들긴 마찬가지일 텐데, 어떤 기업이 정부가 내세운 가치를 추구하고, 정부가 제시한 요건을 충족한다고 사회적 기업으로 명명되고, 별도의 차별적 지원과 혜택을 받는다는 것은 시장에서의 게임을 불공정하게 만드는 것이기 때문이다. 정부가 사회적 가치라며 어떤 지향점을 내세우고, 이를 근거로 기업을 분류해서 지원하며, 이를 얻기 위해 기업이 자신의 목표를 이윤이 아닌 사회적 가치로 내세우고 앞다퉈 이를 지원해 인증을 얻으려 하는 것이, 민간에서 어떻게든 살아남기 위해 제품과 서비스 개발에 매진하고 그럼에도 판로상의 애로에 봉착해 명멸해 가는 수많은 안타까운, 그러나 정상적인 기업을 생각하면 옳은 것일까?

■ 김영란법, 개인에 대한 국가 개입의 한계는?

부탁을 받고 그 대가로 금품을 수수해, 정해진 규칙을 위반해서 어떤 일이 되도록 해 주는 것은 그 자체로 범죄에 해당된다. 자식을 대학에 입학시키기 위해 점수 미달에도 합격이 된다거나, 자격 미달에도 회사 취업에 성공하는 것, 경쟁 입찰에서 사전에 심사위원을 접촉해 제안 내용을 우호적으로 설명하고, 그 과정에서 금품이 오가는 것은 불법이고 처벌받아야 한다. 이런 관행을 두고서는 공정한 사회가 될 수 없고, 사회 시스템에 대한 신뢰를 기반으로 개개 사람들의 건강한 노력과 자기계발도 이뤄지기 어렵다. 당연히 어떤 국가든 이런 반칙에 대해서는 법률로 된 금지와 처벌 규정이 존재한다.

김영란법은 부정 청탁을 금지하는 규제다. 불법의 청탁을 규제하는 기존의 법들이 있음에도 불구하고 왜 이런 법률이 도입됐을까? 그것은 부정 청탁을 따로 규제해야만 할 정도로 대한민국이라는 사회가 합법적인 규칙을 우회하는 개인적인 친분이나 소개에 의해 공공연한 규칙 위반이 이뤄지고 있다는 문제 의식 때문이다. 식당의 별실, 개인 사무실, 사적 전화와 통신 등을 통해 은밀하게 이뤄지는 부정 청탁의 거래를 기존의 법률로는 감당할 수 없기 때문이다. 김영란법은 이 법이 통과되면 우리 사회의 밀실 거래를 확실히 줄일 수 있을 거라 기대를 반영해 통과됐다.

그런데 2015년 도입된 김영란법은 개인의 영역에 대한 국가 개입의 한계가 어디까지여야 하는가라는 근본적 고민을 제기하고 있다. 개인 간의 은밀한 부탁과 금품 수수를 근절하기 위해 공무원, 공공기관 종사자, 언론인,

사립학교 교원 및 그 배우자를 그 대상으로 직무 관련성이나 대가성을 따지지 않고 금품 수수를 처벌할 수 있게 한 때문이다. 이것은 직무 관련성이나 대가성을 처벌의 근거로 삼은 기존의 형법상의 뇌물죄보다는 훨씬 강한 것이다. 식사비 3만 원, 선물 5만 원, 경조사비 10만 원 한도로 개인 간 고마움의 표시나 식사 대접, 상호 부조에 대해서도 엄격한 기준을 세웠다. 이 중 선물은 농수산물의 경우 10만 원까지는 가능한 것으로 2017년 개정됐고, 2021년에는 코로나로 어려운 농어민을 지원하기 위해 20만 원까지 일시적으로 완화했다. 국가가 나서서 선물이 가능한 금액을 정하고, 상황에 따라 수시로 변화시키는 것이 과연 타당한 것일까.

이런 금품 수수나 대접의 기준이 국가로부터 제시된 이후 많은 것이 변했다. 식당에는 '김영란 메뉴'라는 것이 생겼다. 29,000원으로 가격을 맞춘 메뉴가 등장한 것이다. 삼삼오오 밥 먹으러 갈 때면 누가, 얼마를 내는지, 식사비는 얼마나 나왔는지를 고민하게 됐다. 29,000원짜리 밥을 먹더라도 반주로 맥주나 소주라도 곁들이면 3만 원이 넘는 것도 계산하게 됐다.

5만 원짜리 선물비도 마찬가지다. 명절에 선물이 와서 인터넷 쇼핑몰에 가격을 찾아보니 사이트마다 가격이 다르다. 49,000원에 파는 데도 있고, 52,000원에 파는 데도 있다. 이 선물을 받아야 할까, 돌려보내야 할까. 물론 이유 없는 선물이 있을 리 없으니 가격이 어떻든 안 받으면 될 거 아니냐고 몰아세울 수도 있겠지만, 세상 사정은 그렇게 간단하지 않다. 고마울 일도 많고, 개인적인 고마움을 반드시 표시하고 싶은 경우도 있다. 우리는 졸업을 맞아 3년 내내 아이 선생님이었던 유치원 선생님께 그동안의 고마움을 표시하고도 싶고, 교수님의 따뜻한 조언에 식사를 같이 하기도 한다.

평소 존경해 주례를 부탁한 거래처 사장님께 스웨터를 드리고도 싶다. 물론 과하면 문제가 되고, 부정한 청탁의 대가라면 더 큰 문제일 것이다.

그런데 개인 간 이뤄지는 선물의 수수와 식사 대접을 그 금액으로만 따져 처벌하고 말지를 결정하는 것이 맞을까? 3만 원의 선물 수수는 부정 청탁의 의도가 없는 것이고, 7만 원의 선물은 처벌받아야 하는 것, 2만 원의 식사 대접은 괜찮고, 5만 원의 식사는 사 주면 안 되나. 매월 주기적으로 모임을 하면서, 이번에는 내가, 다음엔 거래처에서 식사를 서로 한 번씩 낸다면 어떻게 판단해야 할까. 무엇보다 김영란법이 들어서고 나서, 대한민국의 직장인들은 적어도 한 번은 내가 식사를 내야 할까, 선물을 보내야 할까, 얼마까지 살 수 있는 것일까를 고민했을 것이다. 하나의 법률이 이렇게 깊숙이 국민의 사적인 영역에 개입한 예도 드물다.

개인적 부탁과 청탁의 경계는 어디일까? 돈을 주고 어떤 일을 부탁하면 죄가 되고, 돈을 받지 않으면 죄가 되지 않는다는 의견에는 동의할 수 있나? 사회는 수많은 사람들이 다양한 방식으로 살고 있다. 그리고 이들은 대부분 더불어 살아간다. 모르는 사람이든 이미 아는 사람이든, 가까운 사람이든 아니든 일을 하려면 같이 해야 하는 경우가 대부분이다. 이런 경우 가장 큰 고민은 내가 원하는 조건이나 능력을 얼마나 갖춘 사람인지를 파악하는 것이다. 아니면 내 사업을 잘 도와줄 수 있는 그 사람을 찾는 것이고, 도와달라거나 일을 같이 하자거나 부탁하는 것이다. 보통 이런 사람 사이의 관계는 공식적으로는 계약이라는 제도를 통해 이뤄진다.

그런데, 가만히 살펴보면, 사회에서의 사람들 사이 관계는 계약보다 소개나 부탁 그리고 개인적인 만남이나 네트워크에 의해 이뤄진다. 같은 고향,

같은 학교, 잘 아는 사람의 부탁과 추천이 그것이다. 전혀 모르는 사람과의 의도적, 혹은 우연한 관계가 이뤄지기도 한다. 부탁하는 입장에 선 사람들은 일을 잘 되게 해 달라고, 내 요구를 들어달라고, 고맙다고, 돈이나 선물을 주기도 하고 받기도 한다. 도와달라는 부탁, 고맙다는 인사를 하는 것은 어디에서나 있는 보편적 현상인 것이다. 김영란법은 이런 보편적인 삶의 방식에 국가가 직접적으로 한도를 정해 행위의 가이드를 제시한 것이다.

김영란법이 들어서며 공무원이 바빠진 것도 주목할 만하다. 국민권익위원회에서는 김영란법 위반 신고를 받아 조사, 행정처분을 하고 있다. 2015~2018년 3년 동안 김영란법 위반 신고는 1만 4천 100건이고, 이 중 위법행위로 판단돼 실제 형사 처벌이나 징계가 이뤄진 경우는 181건이다. 이 중엔 공직자인 부모를 통해 시험감독자에게 채용시험 답안지를 보완할 기회를 달라 청탁한 것, 특정 부서로의 전보를 요청한 경우, 자녀 입학 청탁과 같이 범죄행위도 있었지만, 개인 간의 사사로운 고마움의 표현이나 선물의 전달도 상당히 많았다. 문제는 심각한 범죄적 행위이든, 단순한 친목의 표현이든 정부가 1만 4천여 건이나 되는 개인의 영역에 개입하고 조사를 했다는 것이다. 조사 결과 문제가 된 181건, 약 3% 이외에는 문제가 없다는 것이니 그야말로 국가가 굳이 개입할 필요 없는 개인 간의 은밀한 부분을 국가가 들여다 본 것이다. 이런 건이 1만 4천여 건이다. 3%의 범죄행위를 위해 기존의 뇌물죄에 더해 특별한 규제를 만들고, 개인의 사적 행위에 정부가 개입해서 조사하는 것을 타당하다 할 수 있을까. 더구나 문제가 된 181건은 기존의 뇌물죄를 적용해도 처벌이 가능한 특이한 경우인데.

■ 농수산물 거래, 국가가 만든 유통 장벽

농수산물은 여러 경로를 거쳐 소비자에게 온다. 도매시장과 마트, 동네 수퍼와 같은 별도의 유통 주체도 있고, 산지 직거래를 통해 생산자에서 소비자로 바로 판매되기도 한다. 요즘은 온라인 유통도 점점 활발해지고 있다. 이들 중 가장 전통적인 유통 방식은 도매시장을 통한 방식이다. 생산자가 농수산물을 도매시장에 싣고 가면, 도매시장에서 경매를 통해 가격을 결정해 도매시장법인이 의무적으로 사 준다. 이렇게 구매된 농수산물은 도매시장법인이 중도매인에게 판매하게 되고, 동네 수퍼와 같은 소매업체들은 이들 중도매인으로부터 농수산물을 구매해 소비자에게 판매한다.

농수산물 유통 및 가격 안정에 관한 법률(이하 농안법)은 생산자, 도매시장법인, 중도매인, 소매업체, 소비자로 이어지는 긴 유통 채널을 정하고 있다. 농안법의 취지는 산지에서 생산된 농수산물이 팔릴 수 있도록 생산자에게 도움을 주기 위한 것이었다. 우리나라의 농어업은 영세해서, 재배 혹은 낚시를 통한 생산도 생산이지만, 이것을 파는 것이 더 중요했다. 팔아야만 돈이 생기니까, 옛날 농어민들은 근처 재래시장에 직접 나가 판매하는 것 외에는 별 방법이 없었다. 여기에 국가가 도매시장을 만들어 농어민들이 생산한 것을 의무적으로 사 주는 장치를 만든 것이다. 농수산물의 유통을 돕고, 가격도 적절히 통제할 수 있다는 아이디어였다.

그런데 오랫동안 도매시장을 통한 농수산물 거래 방식은 문제가 있었다. 거래 방식이 꼭 이렇게 복잡하고 긴 채널일 필요가 없고, 하나의 방식일 필요도 없었기 때문이다. 대형 마트가 들어서면서부터는 농어민들은 굳이 도매시장에 물건을 출하할 필요 없이, 대형 마트와의 장기계약을 통해 생산물을 안정적으로 처리하는 방법이 생겼다. 온라인을 통한 거래가 가능해지면서 소비자와 직접 거래도 가능해졌다. 다양한 유통 채널이 작동하면서 농어민들은 좀 더 값을 잘 받을 수 있는 유통 방식을 선택하는 것이, 도매시장 하나만을 통해 유통시키는 것보다 유리하다는 것도 알게 됐다. 도매시장이 다른 유통 주체와의 경쟁이 필요한 시기가 벌써부터 와 있었던 것이다. 그러나 2021년 현재, 도매시장을 통한 농산물 거래는 여전히 50% 이상이다.

지금의 농안법이 형성한 도매시장 구조에 대한 가장 큰 문제 제기는 도매시장법인과 중도매인에 대한 지정제다. 시장의 진입과 퇴출은 자유로워야 한다는 것이 원칙인데, 도매시장에 대해서는 정부가 지정해 준 이들이 도매시장 내의 유통을 독점적으로 처리했다.

경매를 통한 거래는 가격의 불안정성이 심한 경우도 있었다. 같은 날, 같은 생산자에 의해 출하된, 같은 품질의 농산물에 대해서도 도매시장법인별로 경매 가격 차이가 배 이상 나는 경우가 있었다. 생산자 입장에선 가격 변동으로 인한 위험이 큰 것이다. 경매인은 자기가 경매한 물건을 중도매인의 번호를 도용해 사실상 자기에게 셀프 낙찰하는 경우도 있었고, 도매시장으로만 거래해야 하는 원칙을 어기고, 다른 시장 주체를 통해 농수산물을 유통시키는 거래 관행도 있었다.

그럼에도 농안법 구조 속에서 도매시장법인의 안정성은 높게 보장됐다. 가락시장의 경우, 시장 개설 후 한 번도 도매시장법인이 평가에서 퇴출되는 경우가 없을 정도로 도매시장법인의 사업안정성이 보장됐다. 이들은 위탁판매에 따른 수수료로 4%씩 꼬박꼬박 받을 수 있다 보니, 가락시장 청과부류의 도매시장법인의 경우 2015~2018년 동안 평균 영업 이익률이 17.6%%에 이르는 이익을 거두기도 했다. 동종 업종 대비 6.5배나 된다. 문제는 이런 높은 이익이 유통 경쟁을 통한 시장경쟁력의 산물이라기보다는 농안법으로 도매시장법인을 안정적으로 보호하고 있는 시장구조에 기인한다는 것이다.

도매시장의 문제는 도매시장법인만으로 그치지 않는다. 농민들이 도매시장법인을 통한 경매제 방식으로 농산물을 출하하면, 산지에서 트럭에 실어서 도매시장에 도착, 경매를 위해 대기한 후 낙찰되면 트럭에서 내리게 된다. 이를 다시 중도매인이 받게 되고, 이들에게 동네 수퍼마켓과 같은 소매업자들이 물건을 사서 다시 자기 트럭에 실어 나른다. 이후 수퍼마켓에 진열된 농수산물을 우리 같은 소비자가 구매하게 되는 것이다. 신선함의 유지가 핵심인 농수산물의 품질이 유통 과정에서 저하되는 것이다. 직거래로 배송을 받을 경우, 바로 다음날이면 산지의 농수산물을 받아볼 수 있는 시대에, 도매시장을 통한 유통은 농수산물이 소비자에 오기까지 시간이 몇 배나 걸릴 수 있다.

품질도 품질이지만, 이렇게 긴 유통 과정에서 여러 주체를 거치면서 계속 마진이 붙다 보니, 소비자는 비싸게 물건을 구매해야 한다. 도매시장에서는 도매시장법인이 위탁 수수료를 받고, 이것을 다시 중도매인에 넘기면 마진이 붙고, 소매업자가 다시 마진을 붙여서 파는 구조기 때문이다. 결국, 농안법의 시장구조 속에서, 산지의 농수산물 생산업자는 경매로 인한 가격 변동을 감수해야 하면서도, 직거래를 통한 거래에서보다 낮은 가격을 감수할 수도 있고, 소비자의 경우 직거래에서보다 높은 가격을 지불하면서도 신선도는 낮은 물건을 구매해야 하는 구조가 농안법의 구조인 것이다. 이 과정에서 농안법으로 독점을 보장받는 도매시장법인과 중도매인, 경매인과 같은 유통 주체들의 이익은 안정적으로 보장되는 것이다.

물론 도매시장에서도 도매시장법인만을 통한 획일화된 거래 방식으로는 이런 유통 변화에 대응할 수 없음을 알고 새로운 실험을 진행 중이다. 2004년 강서도매시장에 시장도매인제를 도입함으로써 도매시장법인, 중도매인, 소매인으로 이어지는 유통 채널 단순화 및 거래 방식의 다양화를 시도한 것이 그것이다. 현재 서울 강서도매시장에 가면, 도매시장법인과 중도매인 기능을 통합해서 하는 시장도매인이 같이 있다. 농어민들은 도매시장법인을 통해 과거와 같이 경매를 통해 낙찰된 가격을 지불받을 수도 있고, 시장도매인을 통해 미리 계약을 통해 정해진 가격으로 지급받을 수도 있다. 이런 실험을 통해 확인한 것은 시장도매인의 경우, 유통 채널의 단축으로 도매시장에 물건을 출하하는 시간의 단축을 꾀할 수 있다는 것이다. 실제 아침 10시쯤 같은 농산물을 싣고 경기도 이천에서 같이 출발해, 시장도매인과 도매시장법인을 통한 거래를 했더니 시장도매인과의 거래의 경우 6시쯤 거래가 마무리된 반면, 도매시장법인은 자정이나 돼서야 끝났다고 한다. 그 결과 특정한 물건의 경우, 시장도매인을 통한 거래는 농수산물의 신선도를 유지할 수 있고, 경매를 거치지 않고 정가로 계약을 하니 가격 안정성도 더 높다.

이렇게 시장도매인과 도매시장법인이라는 두 가지 방식으로 도매시장의 거래가 이뤄지다 보니, 이들 주체 간의 건전한 경쟁도 이뤄질 수 있다. 물건을 지게차로 운송하기 편리하게 표준화하거나, 냉동 보관 등의 신선도를 유지하기 위해 더 많이 신경을 쓰게 된 것이다. 이제 도매시장법인도 과거와 같이 독점적인 사업권 보장보다는 시장도매인과의 경쟁에서 밀리지 않으려고 신경을 써야 하기 때문이다.

이런 도매시장의 실험은 여전히 진행형이다. 아직 도매시장에 시장지배인제와 같은 거래제도의 다양성을 갖고 있는 곳은 강서도매시장 외에는 없기 때문이다. 그리고 도매시장의 거래 다양화가 좀 더 확산되기 위해서는 농안법 구조에서 도매시장에 시장도매인을 지정할 경우, 농림축산식품부 장관이나 해양수산부 장관의 승인을 받도록 한 것을, 도매시장 개설자인 시도지사가 자율적으로 할 수 있도록 변경해야 할 것이다. 그리고 궁극적으로는 도매시장법인, 중도매인, 시장도매인의 지정과 같은 진입 규제가 아닌, 농수산물도 자율적으로 거래되는 일반적인 시장구조에서 유통이 돼야 할 것이다.

실제로 향후 온라인을 통한 직거래가 더욱 활성화되고, 대형 마트 등 민간 유통 주체의 산지 계약에 의한 거래 관행이 확산되면, 현재의 도매시장의 경직적인 유통구조는 시장에서 도태될 수밖에 없을 것이다. 아무리 농안법을 통해 시장구조를 인위적으로 만들고, 특정 유통 주체를 보호한다 하더라도, 생산자가 농안법의 유통구조를 선택하지 않고, 소비자 역시 직거래 등을 통한 구매를 더욱 확장하면, 이들의 니즈(needs)에 맞게 유통구조를 개선하지 않을 경우, 시장에서 살아남을 수 없을 것이기 때문이다.

3
4차 산업혁명을 막는 규제

■
■

■ 대형 마트, 규제 대상일까 보호 대상일까

　대한민국, 대표 마트인 이마트가 구조조정에 들어가고 있다. 2019년 10월 이마트는 130개 이상인 할인점의 경쟁력을 점검, 매각과 자산유동화의 고강도 구조조정을 한다고 발표했다. 그 일환으로 1997년 문을 연 서부산점이 10월 29일 폐점되는 등, 13개 점포의 토지 및 건물 역시 매각하기로 했다. 이마트의 이런 전격적 조치는 기업경쟁력 강화를 위한 기업의 상시적 활동이란 이해도 가능하지만, 그 이면에 2019년 2/4분기 창사 이후 첫 분기 영업 적자로 298억 원을 기록한 것도 한몫을 했다는 평가다. 2020년, 홈플러스도 구조조정 안을 내놓았다. 안산, 대전, 대구의 지점 4개의 매각을 결정했다. 홈플러스가 이런 결정을 한 이유 역시 경영 악화에 그 원인이 있다. 2019년 매출액은 전년 대비 4.69% 감소했으며, 영업이익 역시 38.39% 감소했다. 시장점유율 1, 2위의 이마트와 홈플러스의 이런 움직임에서 우리는 무엇을 읽어야 할까?

유통산업발전법은 1997년 4월 10일 제정된 법률로 유통산업의 효율적인 진흥과 균형 있는 발전을 꾀하고 건전한 전자상거래 질서를 세워 소비자를 보호하고 국민경제의 발전에 이바지함을 목표로 하고 있다. 2013년 1월 23일 국회는 이 법률을 개정하면서 특별자치시장·시장·군수·구청장이 대규모 점포에 대해 오전 0시부터 오전 10시까지의 범위에서 영업 시간을 제한할 수 있고, 매월 이틀은 의무휴업일로 지정해야 하며, 이에 필요한 사항은 지방자치단체의 조례로 정할 수 있도록 정했다. 이와 같은 강력한 규제 조치를 마트로 대표되는 대규모 점포에 대해 도입한 것은 당시까지만 해도 유통신산업의 대표 주자였던 마트로 인해 재래시장의 피해가 컸다고 판단했기 때문이다. 대부분의 소비자가 대형 마트로 장을 보거나 쇼핑을 하러 가게 되면서 재래시장의 손님이 급감한 것에 대응하기 위한 조치였던 것이다. 규제로 대형 마트 이용을 불편하게 하면 재래시장이 활성화될 것이라는 이런 가설은 이후 어떻게 됐을까?

정부의 기대와는 달리 이후에도 재래시장의 활력이 대형 마트에 비해 살아났다는 증거는 거의 없다. 오히려 재래시장은 마트에 비해 점점 더 어려움을 겪는다는 뉴스와 소식이 잦아졌으며, 이에 정부는 재래시장을 어떻게든 살리기 위한 다양한 재정보조 정책을 실시해 오고 있기도 하다. 이런 산업구조의 급격한 변화에 따라 어려움을 겪게 된 계층에 대해 정부가 규제를 포함한 여러 정책을 적용했던 것은 어제오늘의 일이 아니다. 『국가는 왜 실패하는가(Why Nations Fail)』를 쓴 대런 애쓰모글루(Daron Acemoglu)의 책을 보면, 영국 엘리자베스 여왕 시대 양말 짜는 기계를 발명한 윌리엄 리(William Lee)의 특허 신청을 거절한 엘리자베스 여왕의 백성을 사랑하는 준엄한 모습이 나온다. "이 새로운 기계가 나의 백성을 굶어죽게 만들 텐데 왜 이런 것에 특허를 신청하느냐"는 여왕의 모습이 마트와 재래시장, 그리고 유통산업발전법 속에서 데자뷰(deja vu)로 다시 나타났다는 느낌은 필자만의 것일까.

이렇게 유통시장의 신예로 영원할 것 같았던 이마트와 홈플러스가 구조조정에 들어갔다. 인터넷을 통한 주문과 배송, 그리고 집에서 택배를 받아보는 데 익숙해진 유통구조의 변화와 경쟁에 힘겨워하고 있다는 것이 전문가들의 분석이다. 홈플러스는 변화하는 유통환경과 코로나로 인한 갑작스러운 충격에서 살아남기 위해, 네이버와 장보기 서비스 협업을 추진하는 등 온·오프라인 유통을 융합하는 올라인 유통업체로의 전환을 꾀하고 있다. 2021년, 이마트와 홈플러스는 여전히 유통시장의 강자이며 신산업으로 불릴 수 있을까. 향후 10년 후에는 어떨까. 미래를 예단하긴 어렵지만 분명한 사실은 유통산업의 구조는 매우 급격하게 변화해서 오늘의 혁신기업이 내일엔 구산업이 돼 새로운 경쟁력을 모색해야 하는 시장 경쟁의 익숙한 모습을 찾을 수 있을 것이다. 유통산업발전법대로의 논리라면 조만간 이마트와 같은 대형 마트의 어려움을 해결한다며, 인터넷 전자주문 시간을 제한하거나 월 2회 정도 거래를 중지시키는 고강도의 조치가 취해지지 않는다는 보장도 없다.

물론 대형 마트는 재래시장과 달라 대기업이고 재벌이니 그 정도의 어려움은 감수해야 하는 거 아니냐는, 대형 마트야말로 시장 경쟁의 논리를 통해 진입과 퇴출이 결정돼야 하고 그것은 당연한 것이라는 문제 제기도 가능할 것이다. 그러나 대형 마트 안에 점포를 운영하고 있는 개별 점주들은 재벌이 아니다. 어쩌면 재래시장에서 한 칸 자리를 잡고 물건을 파는 상인과 같은 우리 주변의 익숙한 이웃들이다. 재래시장 보호를 위해 대형 마트 영업을 제한했으니, 마트 보호를 위해 인터넷 전자거래도 제한해야 한다는 논리는 사실 쌍둥이처럼 유사하다.

사실 산업 발전에 따라 명멸하는 기업은 예전에나 지금이나 늘 있어 왔고, 앞으로도 그럴 것이다. 경쟁력을 상실하게 돼 어려워지는 사람들이 그 어려운 일을 계속하게 정부가 규제로 붙들어 매고 있어서는 어려운 일을 계속하는 분들도, 새로운 산업을 해 보겠다며 나타난 사람들에게도 결과적으로 감당하기 어려운 일이다. 너무나 힘든 일이지만, 사람들은 하던 일이 어려워지면 새로운 일을 찾기 마련이다. 그리고 이런 과정을 거쳐 서서히 예전의 산업들이 사라지고 새로운 산업이 나타나며, 그 새로운 산업은 다시

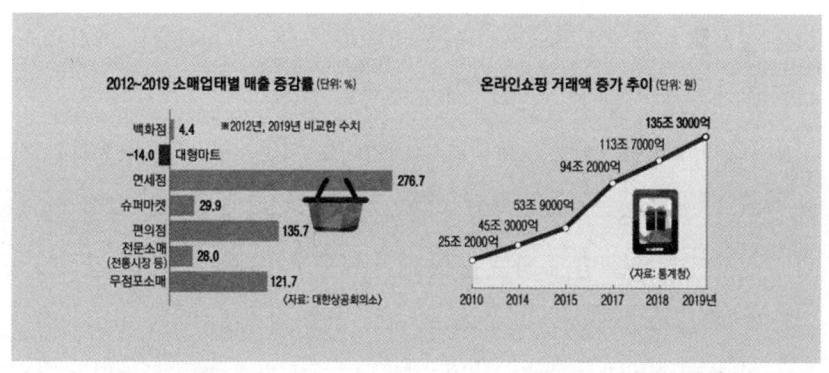

출처: 서울신문(2020.7.22).

옛날 산업이 돼 구조조정이 되길 반복해 왔다. 정부가 이런 자연스러운 시장의 과정에 규제를 통해 개입을 하려면 이런 혁신의 동태성에 대한 이해가 반드시 필요하다. 오늘의 혁신은 내일의 기득권이라는 것. 그것을 보호하기 위한 규제는 오늘 하나의 미봉책이 될 수 있어도 결국 대안이 될 수 없다는 사실을 2019년 이마트 구조조정을 보면서 학습해야 하지 않을까.

■ 게임 규제, 가정에서 할 일을 국가가?

"10분만 더 하고." "아니! 바로 꺼." 아이가 있는 대한민국 가정에선 익숙한 광경이다. 게임을 두고 하는 부모와 아이의 입씨름이다. 게임이란 게 중독성이 있어서 한번 시작하면 한 판만 더하다 보면 시간 가는 줄 모르고 하게 된다. 어른도 자기통제하기 어려운 게임을 어린아이에게 기대하기란 힘든 일이기도 하다. 그런데 게임은 원래 쉬는 시간을 즐겁게 보낼 수 있는 즐거움의 도구다. 인터넷 게임도 마찬가지다. 호모 루덴스(home ludens), 유희를 즐기는 인간에게 게임은 자연스런 일이고, 좀 더 재미있는 게임을 만들어 즐겨온 것이 인간의 긴 역사에도 포함돼 있다.

그러나 과유불급, 게임이 아무리 재미있어도 지나치면 미치지 못하는 것만 못하다. 게임으로 일상생활이 곤란해지고, 자기에게 주어진 해야 할 일의 본질까지 방해를 받게 되는 순간 게임은 통제의 대상이 된다. 가정에서 엄마가 "게임 그만해"라는 말을 달고 사는 것도 이 때문이다. 아이가 진짜로 게임 중독에 걸렸을 수도 있지만, 혹시 게임에 너무 빠져 중독되는 것을 미연에 방지하기 위해서다. 엄마 귀에는 "한번만 더, 한번만 더" 떼쓰는 아이의 모습이 게임 중독에 금방이라도 빠질 것 같기 때문이다. 아이를 잘 키우고 싶은 부모 입장에선 당연하다.

게임 규제는 아이에 대한 게임 통제를 부모에서 국가로 넓혀 놓은 것이다. 게임 규제의 핵심 논점은 부모의 지도로는 부족하니 국가라도 나서서 게임 중독으로부터 청소년을 보호해야 한다는 것이다. 정부는 2011년부터 셧다운제를 도입해 만 16세가 안 된 아동은 자정부터 아침 6시까지 게임을 할 수 없다는 기준을 세웠다. 이 시간에 게임을 하면 자동으로 꺼지게 만든 것이다. 그렇다면, 원래 가정에서 해야 할 일에 국가가 뛰어든 게임 규제는 어떻게 해석해야 할까?

셧다운제를 둔 논쟁은 자정부터 6시까지 게임 강제 종료라는 규제가 과연 청소년의 게임 중독을 막을 수 있는가에 있다. 만약 이것으로 충분하지 않다면 시간을 더 늘려야 할까? 그렇다면 얼마나 더 늘릴 수 있을까? 청소년이 게임을 전혀 하지 못하게 통제할 수는 없으니 얼마의 시간을 정해 정부가 규제해야 할까는 중요한 의사결정의 문제다. 그런데, 이에 대한 어떤 결정도 불완전한 것이다. 정부가 수백만 명에 이르는 청소년 한 명 한 명에 이르는 최적의 게임 시간을 설계한다는 것은 애초에 불가능한 영역이기 때문이다. 통상의 수면 시간인 자정부터 새벽 6시까지를 정해 셧다운제를 설계한 것도 이 때문일 것이다.

따라서 자정부터 6시까지의 이 시간에 평소에도 잠을 잤던 청소년에게 셧다운제는 애초에 아무 의미가 없는 법이다. 문제는 자정에도 깨어 게임을 했던 중독 증상이 있는 청소년이 과연 셧다운제로 게임을 덜 할 것인가다.

그런데 실제로 게임에 몰입한 아이들은 쉽게 게임을 그만두지 않았다. 부모의 아이디나 성인인 형이나 누나의 아이디를 이용해 게임을 하는 것은 여전히 가능했기 때문이다. 또한 셧다운제를 적용하는 것은 온라인 게임에 국한된다. 이것은 아이들이 컴퓨터나 탭(tap)에 미리 깔아놓은 게임을 하는 것은 통제할 수 없다는 것이다. 셧다운제라는 규제가 청소년의 게임 중독을 막고, 수면권을 보장하기 위한 제도로는 구멍이 너무 많다는 것이다.

셧다운제의 또 다른 논점은 늦은 시간까지 게임을 하는 것은 안 되고, 공부를 하는 것은 괜찮은가라는 본질적인 질문을 던진다. 우리나라는 대학 입시 준비에 대해 사회적·개인적으로 큰 의미를 부여한다. 고등학생이 되면 학원에서 과외, 자습을 하며 자정까지 공부하는 것은 예사다. 그렇다면 자정을 넘어 공부를 하는 것도 청소년의 수면권이나 건강에는 해롭기는 마찬가지일 텐데, 게임은 안되고 공부는 된다는 논리가 가능할까. 그리고 게임에만 한정해서 12시가 넘으면 못하도록 강제하는 것은 가능할까.

이런 의미에서 셧다운제는 국가가 개인의 삶의 영역에 깊이 개입했을 때, 개인이 판단해 알아서 해야 할 영역에 국가가 개입했을 때 나타날 수 있는 걱정들을 보여주는 사례다. 청소년이 건강해야 하고, 그러려면 과도한 게임을 하면 안 된다는 것에 동의하지 않는 사람은 없을 것이다. 부모가 자식의 게임 시간을 통제하려 그렇게 고심하는 것도 이 때문이다. 이런 부모의 통제망에도 불구하고 어떤 아이들은 밤 열두 시가 넘어서도 게임을 하는 열의를 보인다.

이렇게 부모도 못하는 것에 국가가 보충적으로 개입한 것이 셧다운제다. 부모의 촘촘한 통제망에도 어떻게든 게임을 하던 아이들이, 그보다 통제망이 느슨한 국가의 셧다운제를 따라 게임 시간을 줄일 것이라는 합리적 기대는 순진한 것이 아니라면, 정부의 무모한 개입이 아닐까. 참고로 우리나라 청소년은 '배틀 그라운드'를 비롯한 전 세계적인 인터넷 게임 세계대회에서 밥 먹듯이 챔피언을 하고 있다. 일찍이 게임 프로리그에 소속돼 세계적인 성과를 내는 청소년들이 자정을 넘어 전략을 짜고 연습을 하는 것은 금지해야 할까, 권장해야 할까. 아니면 개인의 선택에 맡겨야 할까.

■ '타다,' 네거티브 규제가 필요한 이유

'타다'는 2018년 출시된 새로운 대중교통 서비스다. 소비자가 스마트폰 애플리케이션으로 자동차를 빌리면 운전기사 서비스도 함께 받을 수 있게 설계돼 있다. '타다'는 출시된 지 1년 만에 125만 명의 가입자, 1,400여 대의 차량 운행, 재이용률 89% 등 소비자들 사이에 호평을 받았다. 카니발과 같은 넓은 차를 탈 수 있다는 것, 강제 배차로 승차 거부가 없다는 것, 미리 예상 금액을 알려 준다는 것, 용모검사와 인성검사를 거쳐 서비스 교육까지 받은 운전기사의 서비스를 받는다는 것과 같은 차별화된 전략 때문이었다. 운전기사에게 고정급을 보장해 줘, 굳이 과속 같은 위험한 운전을 할 필요도 없다.

여객운수사업법 제4조에 따르면, 여객자동차 운수업은 광역지자체장의 면허나 지자체장의 등록을 조건으로 가능하며 동법 제34조에는 11~15인승 승합차 외의 자동차에 대해서는 대여업자에 사업용 자동차를 빌린 후 유상 운송 및 재대여를 금지하고 있었다. 여객운수사업법의 핵심은 택시와 같은 영업용 운수업을 위해서는 미리 지자체장의 허가를 받아야 하고, 렌트카를 빌려 다시 렌트카 사업을 할 수 없다는 것으로 요약할 수 있는데, 이것은 대중교통으로서 택시의 배타적 영업 범위를 보장한 것으로도 해석할 수 있다.

'타다'는 11인승인 카니발을 빌리는 것으로, 여객운수사업법상 렌트카 유상 운송 규정의 적용을 받지 않으며, 카니발 렌트에 따라 운전기사를 붙여주는 사업 모델로 운수사업 시 지자체장 면허 조건 대상이 아니었다. 물론 타다는 택시와 버스, 지하철과 같이 대중교통으로서의 법적 근거가 이미 수립된 서비스는 아니다. 렌트카의 형태로 운영하면서, 재대여가 금지된 현재 법체계에서도 11인 이상의 승합차는 가능하다는 예외 요건을 활용해 택시와 유사한 서비스를 제공했기 때문이다. 그렇다면, 법률로 '타다'와 그 서비스를 정확히 정의해야만 현재의 '타다'와 같은 서비스가 가능한 것일까, 법률에서 금지하고 있지 않으니 언제든 가능한 것일까?

네거티브 규제란 '~~ 할 수 없다' '~~가 아니다'처럼 부정문의 형식을 띤 규제를 말한다. 이런 규제에서는 금지된 것 이외에는 모든 것이 가능하다고 해석된다. '~~할 수 있다', 혹은 '~~이다'와 같이 긍정문의 형식을 띤 포지티브 규제에서는 허용된 것만 가능한 것에 비해, 네거티브 규제에서 국민에게 더 많은 자율성을 보장한다. 그리고 네거티브 규제에 의해 여객운수사업법에는 '타다' 서비스를 금지하고 있지 않으니, 누구든 이런 종류의 서비스는 가능하다고 판단해야 한다. 헌법 제23조 제3항에 따르면, 국민의 자유와 재산권은 공공복리와 질서 유지를 위해 국가가 제한할 수 있으나, 이 경우 반드시 법률의 근거가 있어야 한다고 규정하고 있다. 따라서 국가가 법률로 금지하지 않은 사항은 국민의 자유 영역이라는 판단은 타당하다.

'타다' 서비스의 법적 타당성에도 불구하고 논란이 되는 이유는 '타다'와 사실상 같은 시장에서 경쟁해야 하는 택시업의 사정 때문이다. 소비자가 택시나 타다 모두를 호출할 수 있고 이용할 수 있으니, 이들 두 서비스는 대체재에 가깝다. 그런데 우리나라에서 택시는 면허로 운영된다. 택시 운행을 위해 자격을 갖춰 시설 투자를 한 회사나 운전자 입장에서는 면허 없이 자유롭게 시장에 진입해, 기존에 택시가 영위하던 사업 영역에 들어오니 반가울 리가 없다. 더구나 택시시장이 갑자기 팽창하는 시장도 아니고, 늘 이용자가 어느 정도 선에 유지되는 정체기의 시장이다 보니, '타다'의 갑작스런 진출은 이미 시장을 차지하고 있던 택시업으로서는 강력한 위협 요인이 된다. 분신과 같은 극단적인 선택을 하는 택시운전자가 나타나고, 전국의 택시운전사가 광화문 앞에 모여 '타다 타도!'와 정부 대책을 외치는 것도 이 때문이다.

이런 논란과는 별개로 '타다'의 흥미로운 지점은 소비자가 갑자기 나타난 '타다' 서비스에 보이는 반응이다. 출시 1년도 안 돼 125만 명이 이용하는 서비스로 자리 잡은 것에서 보듯 소비자는 '타다'라는 새로운 서비스를 적극적으로 소비하고 있었다. 기존 택시로 일원화된 서비스에 약간의 차별화된 서비스를 제공하는 유사 서비스가 등장하니 소비자 선호 충족을 위한 다양성이 확대되기도 했다. 시장은 소비자의 선택을 위한 복수의 차별적 제품이 있을 때가 그렇지 않을 때보다, 사업자 간 경쟁에 의해 품질이든 가격이든 소비자에게 좀 더 이익이 되는 경향을 보인다. 사업자로서 택시업계의 당혹함과는 달리 소비자는 '타다' 서비스에 이용자 수 증가라는 소리 없는 지지를 보냈다.

이런 상황에서 정부가 '타다'에 대한 허용도 불허도 하지 않는 듯 모호한 태도를 보이는 것은, 기존 택시를 중심으로 대중교통의 한 업역을 보장해 주다시피 한 정부의 관행과 규제 체계 때문이다. 정부가 발행해 준 면허를 믿고 독점적인 사업 영역으로 인지해 온 택시업계에서는 갑자기 등장한 '타다' 서비스가 면허시장에 느닷없이 등장한 눈엣가시일 수도 있었을 것이다. 정부에 강력한 항의를 하고, 택시업계의 살아 있음을 보여주는 실력 행사, '타다'로 인한 택시업계 이익의 급격한 위축에 대한 대책 마련 등을 외치기도 했다. 그러나 현행 규제 체계에서 네거티브 규제를 충족한 '타다' 서비스를 금지할 수는 없었다.

물론 정부로서는 여객운수사업법 제34조의 단서 조항인 11~15인 승합차 렌트에 대한 재대여 허용의 근거를 삭제함으로써 '타다' 서비스를 불법화시킬 수 있었다. 택시업계의 요구에 부응하는 조치다. 그러나 이렇게 되면, 정부 규제의 허용 가능성을 전제로 시장에 진출한 '타다'는 갑자기 불법이 돼 버리고, 사업에 투자한 자금뿐만 아니라 그동안의 노력이 수포로 돌아간다. 소비자는 다시 택시라는 하나의 대중교통 서비스만 이용해야 한다. 택시업계의 고질적 관행인 승차 거부를 스스로 바로잡아 좋은 서비스를 제공하기 위해 노력할 거라지만, 승차 거리와 시간에 따른 인센티브가 작동하는 택시시장에서 이를 근절하기는 어려울 것이다. 이렇게 되면 100% 승차 거부가 없었던 '타다'를 소비자가 그리워할 수도 있다.

'타다'의 시장 배제가 좋은 해법일 가능성이 낮은 건 이 때문이다. 더구나 기왕에 스마트폰 기반 공유경제가 발전하는 마당에 전통적인 택시와 새로운 '타다'가 경쟁을 통해 가격과 서비스 품질을 제고해 가면서 소비자가 더 나은 서비스를 이용할 수 있는 환경을 갖추는 것은 정부 역할 중의 하나다. 안전이나 환경, 기타 공공 질서 등의 이유를 제외하고, 정부가 시장의 특정한 주체에 독점적인 사업을 인정해 줘서는 '타다'와 같은 새로운 아이디어를 고안한 상품이나 서비스의 시장 출현이 불가능하기 때문이다. 그리고 '타다'와 택시가 함께 시장에서 소비자의 선택을 받는 구조는 국숫집과 중국집을 두고 오늘은 국숫집, 내일은 자장면을 점심 식사로 선택할 수 있는 것만큼이나 자연스럽다.

물론 개방적이고 경쟁을 허용하는 시장은 승자도 있지만 패자도 있다. 택시업계가 우려하는 것은 4차 산업의 모바일 플랫폼 시대에 자칫 택시업계가 갑작스런 어려움에 봉착하지 않을까 하는 것이었다. 그러나 이런 위기와 어려움에 대한 인식은 새로운 서비스를 고민하게 만들 것이다. 택시업계 스스로 '타다'보다 나은 서비스 모델을 고민한 결과, 차별화된 서비스가 등장할 수도 있을 것이다. 그 결과 소비자는 더욱 다양한 대중교통 서비스를 이용할 수 있게 된다. 결국, '타다'를 둘러싼 논쟁에서 잘못은 누구에게도 없다. 그냥 기술 발전으로 새로운 서비스가 가능해진 것이고, 그것이 소비자에게 더 많은 기회를 줄뿐더러 법률을 침해하는 것도 아니었다.

택시업계가 아니라도 이미 잡고 있는 자리를 순순히 내주는 경우는 시장엔 존재하지 않는다. 이런 면에서 면허까지 받아 운행하고 있는 택시업계가 '타다'의 시장 침식을 그냥 넘어가지 않는 건 당연하다. 문제는 그런 택시업계의 걱정과 요구가 불법도 아닌 '타다'의 서비스를 막을 근거가 될 수는 없다는 것이다. 정부도 이번 기회에 면허로 유지돼 왔던 택시업계의 오랜 규제 관행을 '타다'와 같이 전혀 새로운 서비스의 출현에 어떻게 조화, 혹은 조율해 갈 수 있을지를 고민해야 한다. 이런 새로운 제도화 과정에서 택시업계에 대한 설명과 설득이 필요할 수도 있지만 이보다 더 중요한 것은 또다시 어떤 새로운 배타적 업역을 보장해 주는 규제 체계를 고안하는 것은 새로운 기술 발달에 의해 곧 제2의 '타다'라는 고약한 문제를 초래할 것이라는 점을 명심해야 한다는 것이다. 정부가 제도적으로 개입하는 시장 운용의 기본은 경제 주체에 대한 개방과 자유, 책임의 보장이다.

■ 공유숙박, 혁신을 지체하는 칸막이 규제

민박에도 규제가 있다. 1995년 전까지 민박은 공중위생법의 여인숙에 준해 영업이 이뤄졌는데, 농어촌정비법에 농어촌 민박을 별도로 규정하면서, 법률상 두 개의 민박 종류가 생겼다. 보건사회부 소관의 공중위생법상 숙박업으로 이뤄지는 민박과 농림부 소관의 농어촌정비법에 의한 농어촌 민박이 그것이다. 2011년이 되면, 관광진흥법에 외국인 도시 민박이 별도로 규정됐다. 이로써 민박은 보건복지부, 농림부, 문화체육관광부가 각각 관할하는 세 개의 유형으로 존재하게 되었다. 민박을 세 개의 칸막이로 나눠 규제관리가 이뤄지고 있는 것이다.

공중위생법상 민박은 숙박업에 해당한다. 이런 영업을 하기 위해서는 여관이나 모텔처럼 손님을 받기 위한 별도의 시설이나 서비스를 갖춰야 한다. 숙박업을 위해 별도의 건물이나 주거 공간을 갖추고 사업을 하는 것이다. 농어촌 민박과 외국인 도시 민박은 공중위생법의 적용을 받지 않는 별개의 민박으로 영업 공간에서 이뤄지는 것이 아니다. 거주자는 자신이 직접 거주하는 집에 관광객을 맞을 최소한의 시설 등을 갖춰 민박을 운영해야 한다. 농어촌 민박과 외국인 도시 민박은 각각의 도입 취지인, 농어촌 소득 증대와 외국인의 한국 문화 체험이라는 취지에 부합한 운영을 해야 한다. 농어촌 민박은 조식 제공만 가능하고, 외국인 도시 민박은 외국인 대상으로만 가능하다. 그 밖에도 이들 민박은 안전관리, 서비스 관리에서 세 개의 정부부처가 별도의 규제를 만들어 관리하고 있다.

무엇이 문제일까? 먼저 민박을 세 개의 정부부처가 나눠서 관리한다는 것 자체가 정부로서는 같은 일에 세 번의 힘을 들이는 격이다. 물론 개개의 민박이 조금씩 성격이 다르니 별도로 관리해야 한다고 하겠지만, 민박을 하나의 부처가 통합 관리하면서 각각 별도의 관리가 필요한 부분에 대해서만 이를 반영한 차별적인 규제를 적용할 수도 있을 것이다. 이렇게 되면, 같은 화재안전 규제를 위해 세 개의 부처에서 각각의 규제를 설계하고, 소관 업무를 규정해 관리하는 중복을 피할 수 있다. 무엇보다 농어촌 민박과 외국인 도시 민박의 경우, 각각 농촌과 도시에서 이뤄지고 있는 민박일 뿐, 직접 거주 주택에 한정해 민박을 한다는 점에서 대동소이하다. 이들 민박이 가능한 주택 면적 역시 $230m^2$ 이하로 동일하게 규정돼 있으며, 화재 등 안전을 위한 설치 요구도 유사하다. 칸막이로 나눠 굳이 별도의 부처에서 규제해야 할 필요가 낮은 것이다.

칸막이 규제로 구분된 규제관리는 칸막이를 넘나드는 경계 지점, 즉 기존 규제 체계에서는 불가능한 융합과 혁신을 불법으로 만드는 문제도 있다. 세 개의 별도 부처에 의한 세 개의 민박이란 구조에 공유숙박이란 새로운 사업이 들어갈 자리가 거의 없다. 자신이 거주하는 집 공간을 이용해 잠자리와 간단한 아침을 제공하고, 투숙객을 인터넷을 통해 모집한 새로운 사업 아이디어인 에어비앤비(airbnb)가 세계적으로 성공을 거두면서 공유숙박이란 새로운 업종이 발생하게 됐다. 그런데 이런 공유숙박이 한국에 정착하는 데는 상당한 어려움이 있었으며, 이것은 지금도 여전하다.

농어촌 민박과 외국인 도시 민박 모두 $230m^2$ 이하의 직접 거주하는 집에서만 가능하다. 이마저도 농어촌은 단독주택과 다세대주택만 가능하며, 아파트나 연립은 안 된다. 농어촌 민박은 조식 제공만이 가능하며, 석식 제공은 불가능하다. 농어촌에 넘쳐나는 빈집을 활용한 민박업을 하려 해도, 주인이 직접 거주해야 한다는 조건때문에 농어촌 민박은 안 된다. 이 경우에는 공중위생법상의 숙박업으로 등록해야 한다. 외국인 도시 민박은 외국인 대상으로만 가능하고, 사실상 주거 공간으로 정부도 인정하고 있는 오피스텔에 대해서는 민박이 불가능하다. 농어촌과 외국인 도시 민박 모두 $230m^2$ 이하의 집에서만 민박 유치가 가능한지도 곰곰이 살펴볼 일이다. 내국인은 도시 방문을 할 때는 민박을 이용할 수 없고, 농어촌 관광에는 이용할 수 있다는 규정도 마찬가지다.

세 개나 되는 개별의 복잡한 민박과 그에 따른 부수 규제로 인해 우리나라의 공유 민박 활성화는 매우 더디게 진행되고 있다. 이것은 우리나라의 민박 관련 규제가 공식적인 숙박업과 부업을 구분해 정하고 있기 때문이다. 그러나 공유숙박은 부업으로 할 수도 있지만 숙박업으로 할 수도 있어야 한다. 정부의 부업과 본업이란 민박 구분을 인정한다 하더라도, 왜 $230m^2$ 이하의 집은 부업이고, 그보다 크면 본업의 민박업이 되는지 납득이 어렵긴 마찬가지다. 직접 거주 요건의 경우도 실제로 집을 여러 채 보유한 사람들이 자기가 살고 있지 않은 집을 공유 민박으로 활용할 수도 있고, 이 수입으로 생계를 영위할 수도 있다.

그런데 우리나라의 칸막이 민박 규제 체계에는 이런 경계가 들어갈 공간이 없다. 이들 모두 정식 숙박업으로서의 민박, 농어촌 민박과 외국인 도시 민박을 각각 나눠 관할하고 관리하다 보니 발생한 문제들이다. 복잡한 칸막이 규제가 낳은 현실인 것이다. 이런 칸막이 규제는 공유 민박과 같은 규제 경계에 위치한 사업에 걸림돌이 된다. 부업의 형태로만 해야 하고, 도시와 농촌 지역의 규제가 다르며, $230m^2$ 이하의 면적을 가진 주택만 민박사업을 할 수 있다는 것은 에어비앤비와 같은 공유 숙박 사업에 제한이 높을 수밖에 없다.

규제를 규제한다

1. 모든 문제를 해결하려 한다   2. 확실히 해결할 수 있다는 과신

4. 규제개혁은 계속되는 과정이다

3 / 규제, 불합리한데 왜 지속되나

3. 규제, 획일적일 수밖에 없다

1
모든 문제를
해결하려 한다

■ 문제라 하면 문제가 된다

2010년 초겨울 아침, 마트에 긴 줄이 섰다. 통닭을 사러 모인 줄이었다. 한 마리 5천 원, 프랜차이즈 치킨과 비교하면 30% 정도의 가격에 치킨을 팔았다. 통 큰 치킨, 전 국민의 야식이자 술안주이며 치맥 필수품인 치킨을 이렇게 싸게 내놓으니 사람들이 줄을 선 건 어쩌면 당연한 일이었다. 롯데마트에선 80여 개의 매장에서 오전에만 200~400개 정도의 치킨을 이렇게 팔았다.

파격적인 가격으로 불티나게 팔리던 통 큰 치킨은 불과 5일 만에 판매를 접어야 했다. 프랜차이즈 업계에서 치킨 염가 판매를 두고, 시중의 치킨업계가 힘들어진다고 판매 중지를 요구했다. 각종 언론에선 이걸 또 받아서 먹고 살 만한 대기업이 골목상권의 상징과도 같은 치킨까지 하려 한다고,

또 그걸 비상식적으로 싸게 판다고, 보도하기 시작했다. 당시 청와대 정무수석도 통 큰 치킨을 문제 삼는 글을 트위터에 실었다. 통 큰 치킨에 상생이 없다는 게 이유였다. 정치권에서 제기된 문제가 일으킨 파급 효과로 치킨집 주인들이 롯데에서 납품하는 펩시콜라 불매운동을 시작했고, 급기야 공정거래위원회는 통 큰 치킨이 부당 염가 판매에 해당하는지 조사하겠다고 했다. 이쯤 되자 롯데마트는 통 큰 치킨 판매 중단을 선언했다.

사실 마트의 이런 염가 판매 전략은 어제오늘 일은 아니다. 지금 이 순간에도 전국 마트 어딘가에선, "자자, 삼겹살 한 근, 5천 원, 지금부터 10분간만", "어서들, 사세요, 곧 마감합니다!!!" 곧 사람이 모이고, 쉰 목소리로 옥타브를 올리며, 손으로는 비닐봉지에 삼겹살을 연신 담아 내고 있을 거다. 1초에 몇 개씩 팔려 나가는 광경에, 무슨 일인가 멀리 구경하던 이들도 달음질한다. 이상한 건 삼겹살을 원가도 안 되게 파는 것 같은데, 다들 좋아한다. 파는 사람도, 사는 사람도. 오늘 저녁 식사 메뉴도 바뀌는 게 이때다.

2021년, 이마트, 롯데마트엔 통 큰 치킨이 멀쩡히 팔리고 있다. 여전히 시중 치킨 가격보다는 훨씬 싼 가격이다. 그렇다면 2010년 통 큰 치킨은 문제였고, 2021년 통 큰 치킨은 문제가 아닐까. 어떤 게 문제고, 어떤 건 문제가 아닐까. 어떤 사회 현상이라도 정부가 문제라 하면 문제가 된다.

■ 문제 없는 세상은 없다

우리는 얼마나 문제투성이 사회에 살고 있을까? 뉴스는 매일매일 새로운 문제를 쏟아낸다. 어느 지역 부동산 가격이 올랐다, 수출이 잘 안 된다, 세금이 너무 많이 걷혔다(혹은 너무 적게 걷혔다), 자영업이 힘들다, 청년들이 취업할 데가 없다는, 늘 익숙한, 그러나 쉽게 해결되지는 않는 문제에서부터, 전 남편을 잔인하게 죽인 여성, 마약과 섹스에 탐닉한 어떤 연예인, 제자를 머슴처럼 부린 교수, 전화 한 통화로 취업을 성공시켰다는 기이한 사람들 얘기도 있다. 돌이켜 보면 하루라도 문제 없는 사회는 없었고, 하루라도 골치 아픈 일이 없었던 사람도 없었다. 그리고 우리 머리를 아프게 할 문제는 앞으로도 계속 생겨날 것이다.

생각해 보자. 한 개인으로서도 문제가 없어 머리가 개운해지는 걱정 없는 날은 하루도 없다. 어떤 경우엔 문제가 없다는 것이 문제가 되기도 한다. 문제라는 건 객관적인 것이기도 하지만 주관적이기도 해서, 문제라고 인지하는 순간 없던 문제도 갑자기 문제가 되기 때문이다. 아무 생각 없이 습관처럼 하던 일인데도 어떤 날엔 아침에 일어나 밥 먹는 게 문제일 때가 있다. 우리는 가끔은 '먹을까', '말까', '먹는다면 무얼 먹을까'를 가지고도 한참 고민한다. 먹는 것도 문제지만, 치우는 것도 문제다. '설거지를 할까', '그냥 둘까' 역시 고민거리다. 밥을 먹고 나면 출근하는 것도 문제이긴 마찬가지다. 어떤 옷을 입을지를 결정해야 하기 때문이다. 이런 복잡한 결정이 골치 아픈 사람들도 있다. 한두 벌의 옷을 무심히 돌려가며 입고 다닌다. 편하긴 하겠지만 옷 잘 입는단 칭찬은 포기해야 한다. 지금은 외모도 경쟁력을 갖춘 시대다. 내 문제 하나만도 이렇게 복잡하고, 끝이 없다.

사회도 마찬가지다. 스마트폰으로 포털사이트에 뜬 뉴스를 무심결에 보면서도 문제는 언제나 보인다. 부동산도, 비행청소년도, 자살도, 지역불균형도, 학력 격차도 모든 게 문제다. 어제까지 아무렇지도 않은 일들도 관심을 갖고 들여다보면 문제가 되기도 한다. 이런 문제들은 마치 건강검진 후 의사선생님 면담을 하고 나오면 갑자기 걱정이 되고, 헬스장을 끊고 다이어트를 시작하는 것 같다. 아는 것이 병이라고, 밥도 두세 그릇씩 맛있게 먹다가 "살 좀 빼야 되요" 한 마디에 며칠 동안은 밥맛이 없다. 사실 별일도 아니다. 다른 건 다 정상인데 몸무게가 좀 불었다는 것일 뿐.

사실 문제 없는 사회는 없다. 일상도 문제라고 규정하면 문제가 되고, 아무렇지 않게 여기면 문제가 안 되기도 한다. 그래서 문제가 있다는 게 이상한 것도 아니고, 문제가 없는 사회가 정상으로 볼 수도 없다. 문제 없는 완전한 세상은 어제도 없었고, 오늘도 없으며, 내일도 없을 것이다.

■ 문제와 문제 해결은 다르다

문제가 있다는 것과 정부가 그 문제를 해결할 수 있다는 것은 다른 얘기다. 그래서 수많은 사회 문제를 두고 정부가 모두 개입해 책임지고 해결해야 하는 것인지 물어봐야 한다. 문제가 아무리 심각해도 정부가 도저히 해결할 수 없다면 개입할 수 없을뿐더러 섣부른 개입이 부작용을 낳을 수도 있다. 요컨대 사회에 문제가 있다는 것과 그런 문제를 정부가 나서서 해결해야 한다는 것은 전혀 다른 문제라는 것이다.

사람들은 문제가 생길 때마다 정부와 국회에 해결해 주길 기대하고, 정부 역시 가끔은 자신들이 공익의 수호신인 양 이들 모두를 해결할 수 있을 것처럼 행동하긴 하지만, 사실 정부는 무수한 사회 문제 모두에 대응하기엔 인력도 부족하고 전문성도 부족하며 자원도 부족하다. 국회의원이나 공무원들이 세상의 모든 문제에 대한 해법을 모두 알고 있을 리도 없다. 설령 도입 당시 사회 문제를 해결하는 데 유의미했던 규제라도 시간이 지나면 낡아지고 개선의 수요가 생긴다. 이런 규제 개선을 위해 정부와 국회는 꾸준한 규제관리를 하지만, 그것이 완전하지는 않은 것이다.

사실 우리 주변 언제, 어디에나 문제가 있다는 것은 모든 문제를 해결할 수 없을 뿐만 아니라, 해결하는 것이 바람직하지도 않다는 것을 말해 준다. 그래서 문제라고 한번 붙어 보겠다고 섣부르게 덤볐다간 낭패를 볼 수도 있다. 사실 대부분의 문제는 개인이나 사회나 그냥 두는 게 상책이다. 입사시험 면접에 갈 시간도 없는데 밥 한 끼 굶는 배고픔을 해결하려는 사람도 없고, 내일 꼭 마무리해야 할 회사의 사활이 걸린 일을 제쳐두고 건강을 위해 야근을 마다하는 사장도 흔치 않다. 정부도 마찬가지다. 실업, 인플레이션, 교통사고, 세금 낭비, 건강보험재정 등 무수한 영역의 수많은 문제를 정부는 모두 해결할 능력도 없고, 모두 해결을 시도하는 무모함이 오히려 문제를 더 키울 수도 있다. 문제가 있다는 것과 문제를 해결한다는 것은 다른 문제인 것이다.

그래서 정부는 사회에 문제가 있음을 인지해도, 그런 문제가 얼마나 보편적이고 얼마나 심각한지를 따져 봐야 한다. 그리고 정부가 나서야 할 문제인지, 아니면 그냥 둬야 하는지도 따져 봐야 한다. 자신의 삶을 비관해 스스로 생을 마감하는 자살은 지극히 개인적인 문제다. 아무도 모르는 데서 조용히 이뤄지는 이 문제는 정부가 개입하기도 힘들지만, 개입할 수 없는 부분도 있다. 실제 정부는 2000년 이전에는 자살과 관련한 문제를 심각한 정책 대상으로 보지 않았던 것 같다. 「자살 예방 및 생명 존중 문화 조성을 위한 법률」은 2011년 3월에야 제정돼 2012년부터 시행되고 있으며, 중앙자살예방센터도 2012년에 개소됐다. 자기 생명을 자기가 스스로 마무리하겠다는 이 행위에 왜 이제야 정부가 나서는 것일까? 통계청에 따르면, 2017년 우리나라 연도별 자살률은 인구 10만 명당 24.3명이었다. 2011년 31.7명이었던 데서 조금씩 낮아지고 있는 중이지만 여전히 OECD 국가 중 두 번째로 높다고 한다.

이쯤 되면 자살이라는 개인적인 문제에도 정부가 나서야 할 이유가 분명해진다. 자살은 개인이 스스로 자기 생명을 마감하는 극히 사적인 행위가 아니고, 사회가 고민해야 할 문제며, 충분히 보편적이고 심각한 문제가 됐기 때문이다. 2014년 건강보험공단의 분석에 따르면, 자살한 사람의 미래 소득만을 고려했을 때 연간 6조 5천억 원의 사회적 손실이 발생한다. 그 외 그만큼의 인구 감소로 인한 소비 위축의 문제도 발생하며, 나아가 어려운 사회에 대한 우울한 분위기의 확산이라는 사회적 질병을 전염시킬 수도 있다. 이래저래 자살은 정부가 나서지 않을 수 없는 문제가 된 것이다.

이처럼 자살만 보더라도 하나의 문제가, 숙고 과정을 거쳐 드디어 정부가 신경을 써야만 하는 과제로 되는 데는 상당한 시간이 소요될 수 있음을 확인할 수 있다. 어떤 문제가 확인되는 순간 바로 정부의 해결을 당연시하고, 가끔씩은 정부에 다그쳐 빠른 해소를 요구하며, 정부가 이에 부응해 갑자기 수퍼맨처럼 나타나는 것이 과연 타당하고 합리적인 것인지 고민해 볼 필요도 여기에 있다.

민식이법도 마찬가지였다. 2019년 9월 11일, 충남 아산 어린이 보호구역 건널목에서 한 어린이가 교통사고로 사망했다. 이 사건 이후, 2019년 12월 국회에서 하나의 규제가 만들어졌다. 어린이 보호구역 내 신호등과 과속 단속 카메라 설치를 의무화하고, 교통사고 사망사고 발생 시에 형을 가중 처벌하는 것이 주요 내용이었다. 그런데 이 법은 전형적으로 문제와 문제 해결을 오해한 사례에 해당한다.

어린이가 교통사고에 취약하니 특별히 보호해야 한다는 것은 우리 사회 구성원들이 충분히 공감할 수 있는 문제다. 정부가 이런 문제를 위해 어린이 보호구역을 정해 저속 운전과 과속 방지턱 설치라는 특별한 규제를 도입한 것도 이런 이유 때문이었을 것이다. 이런 규제로 어린이 보호구역 내 교통사고의 감소라는 실질적인 효과를 얻을 수도 있을 것이다. 그런데 이런 규제에도 불구하고 어린이 보호구역 내 교통사고는 그 정도의 차이는 있을지언정 발생할 수밖에 없다. 운전자의 실수나 아이들이 갑자기 불쑥 나타나는 돌발 행동과 하필 그때 그 자리에서와 같은 불운 때문이다.

그런데 어린이 보호구역에서 발생한 사망사고에 대해 정부는 규제를 더 강화하는 방식으로 대응했다. 과연 어린이 보호구역에서 과속 단속 카메라를 의무적으로 설치하고, 사망사고 발생 시 형을 가중 처벌하는 것으로 문제 해결을 할 수 있을까. 그 효과에 대한 경험적 입증이 돼 있을까, 어쩌면 교통사고는 처벌에 대한 강화보다는 교통안전 의식에 더 큰 영향을 받을 수도 있다. 그렇다면 이것과는 다른 방식의 규제나 정부 대응이 필요할 수도 있다. 곰곰이 따져 보면 효과가 있을지 없을지도 모르는 규제를 이렇게 단시간에 강화하는 것이 합리적일까.

조심스럽지만, 전국의 어린이 보호구역 모두에 과속 단속 카메라를 의무적으로 설치하는 데는 또 얼마의 예산이 필요할까. 한번 설치된 과속 단속 카메라는 주기적인 교체와 업그레이드가 필요하며, 이를 관리하는 데 또 인력이 필요하다. 이런 예산은 국민이 낸 세금으로 충당되는 것일 텐데, 효과가 모호한 강력한 규제에 이렇게 많은 공공재원을 충당해도 되는 것일까.

규제를 둘러싼 모순과 불합리는 규제 도입 당시 문제와 문제 해결이 다르다는 단순한 고민을 한 번 더 하는 것만으로도 상당히 줄어들 수 있다.

2
확실히 해결할 수 있다는 과신

■ **복잡성과 인과성에 대한 혼동**

 당구에서 빨간 공을 움직이게 하는 건 하얀 공일까, 큐대일까, 큐대를 치는 손일까. 빨간 공을 생각하는 대로 정확하게 맞추는 건 당구 300을 치는 스킬만으로 충분할까. 수준급의 당구를 치는 데는 기술도 중요하지만, 당구대의 상태, 큐대의 정교함, 당구장의 환경에 영향을 받는다. 같이 치는 상대방이 누군지, 심판이 누군지도 생각보다 많은 영향을 준다.
 사회 문제는 어떨까? 언뜻 보면 쉽게 원인을 알아챌 수 있는 단순한 것이라도 곰곰이 다시 생각해 보면, 그 정도로 단순한 문제는 생각보다 없다. 요컨대, 사회의 작동 원리는 인과성이 아니라 복잡성에 따른다. 그런데 생각보다 많은 규제에 대한 해석이 인과성에 근거해 이뤄지고 있고, 우리는 이런 해석을 그럴듯하게 생각한다.

자영업자가 왜 힘들까? 원인은 다양하다. 자영업자의 수입이 전반적으로 낮거나, 자영업자가 너무 많아서 너무 과도할 정도의 경쟁이 이뤄지고 있기 때문일 수도 있다. 모든 자영업자가 힘들지는 않을 것이니, 일부 자영업자가 정말 너무나 힘든 한 단면을 두고, 자영업자가 힘들다라고 일반화하고 있을 수도 있다. 이런 많은 원인 중, 자영업자 수가 너무 많다는 진단이 설득력을 얻어 왔다. 언제부터인가 조기 퇴직이 많아지고, 예전보다 노동시장에서 늦게 물러나는 노년 인구의 건강함은 자영업으로의 진출을 확대시켰다. 치킨집, 음식점, 옷가게, 부동산, 커피숍, 편의점, 한 블록에서 몇 개씩이나 있는 업종들이 이런 사실을 확인하게 해 준다. 실제로 우리나라의 자영업자 비율은 2018년 676만여 명으로 전체 취업자 중 25%에 이른다. 미국 6.3%, 독일 10.2%, 일본 10.4%, EU 15.5%에 비하면 압도적으로 높다.

이런 자영업자의 어려움을 두고 논란이 된 규제가 프랜차이즈 거리 규제다. 2018년 자영업자의 어려움이 대대적으로 보도됐다. 넘쳐나는 자영업자의 폐업과 어려움의 원인은 자영업자가 너무 많다는 것. 갑자기 2014년 프랜차이즈 거리 규제 완화가 소환됐다. 2012년 정부는 자영업자 중 프랜차이즈의 어려움에 대응하기 위해 프랜차이즈 입점 규제를 도입했다. 빵집은 500미터, 피자는 1,500미터, 치킨은 800미터, 커피는 500미터의 직선거리에 중복 출점이 불가능하고, 편의점은 도보로 250미터 내 신규 점포를 낼 수 없었던 규제를 2014년 폐지한 것이다. 이때의 프랜차이즈 규제 완화로 프랜차이즈업으로의 진입이 늘어났고, 그 결과 안 그래도 어려웠던 자영업

시장이 더 힘들어졌다는 것이다.

과연 맞을까? 프랜차이즈 거리 규제, 프랜차이즈 출점 제한, 프랜차이즈 증가 억제, 프랜차이즈 어려움 해소, 자영업 문제 완화로 이어지는 단선적 인과관계는 언뜻 보면 맞는 것 같다. 빨간 공을 치기 위해 손으로 큐대를 들어 하얀 공을 맞췄더니 빨간 공이 맞아 점수를 얻었다는 논리처럼. 그런데 좀 더 크게 보자. 퇴직자가 프랜차이즈 시장으로 뛰어든 이유는 이들이 할 수 있는 일 중 그나마 프랜차이즈가 접근이 쉽고 용이하기 때문이다. 자기 사업을 시작하는데 누구보다 꼼꼼히 따져볼 퇴직자들이 막무가내로 아무 대책 없이 프랜차이즈 시장에 뛰어들었을 리는 만무할 것이다. 가까운 거리에 경쟁 업체가 있더라도 시장과 상권을 나름대로 분석해 보니 가능하겠다 싶어 시작하는 것이다.

그렇다면 이런 판단에 대한 일차적인 책임은 프랜차이즈 개업을 한 자신에 있을 것이다. 프랜차이즈 출점을 제한하면 당연히 프랜차이즈 수 증가를 억누를 수 있으니 성공적인 정책이라 볼 수 있을까. 그나마 할 만하다 판단한 프랜차이즈업에 진출을 못 하는 퇴직자들은 이제 다른 일을 찾아보거나 집에서 지내는 퇴직 기간이 좀 더 길어질 수 있을 것이다. 물론 다른 일로 더 나은 일을 찾아낼 수도 있겠지만, 프랜차이즈보다 어렵고, 성공 가능성도 낮은 일에 뛰어들 가능성도 높다. 집에서 지내는 기간이 길어지면 그만큼 정부로부터의 여러 가지 보조금을 받아야 할 수도 있고, 실업수당을 더 많이 받아야 할 수도 있다. 나아가, 생업에 종사하지 못하니 그동안 벌어둔 돈을 까먹고 살아야 할 수도 있다. 물론 연금을 받을 수도 있을 것이다. 곰곰이 생각해 보면, 이런 모든 배경은 프랜차이즈업 증가를 억제하는 것만으로 자영업자 문제가 모두 해결되는 것이 아니라는 데 있다. 여기에는 퇴직자가 새로운 생업을 시작하는 것, 정부의 각종 보조금과 공공보험, 연금 부담 등 복잡한 문제가 자리하고 있기 때문이다.

하나의 규제는 마치 잔잔한 호수에 돌을 던져 생긴 물 맴돌이와 같이 퍼져 크거나 작거나 호수 곳곳에 영향을 미친다. 이런 규제의 복잡성을 이해하지 못한 채, 단선적 인과관계에만 국한해 사회 문제를 해결하려 들면, 생각지도 못했던 다른 문제를 곧 만나는 건 낯선 경험이 아니다. 그렇다면 왜 이런 문제가 생길까. 어쩌면 불확실성을 도저히 참지 못하는 인간의 본성 때문이 아닐까.

■ 위험 가능성에 대한 원천 봉쇄

새로운 규제가 생겨나는 이유 중 많은 부분이 큰 사건이나 사고, 위험이 발생한 이후다. 2012년 구미의 한 공장에서 불산 누출에 의한 인명 사고 이후, 화학물질관리법과 화학물질의 등록 및 평가 등에 관한 법률이 생겼다. 2019년 초 어린이집과 유치원에서 정부지원금의 유용이 발생하자 유치원 3법과 같은 규제가 생겼다. 2018년 농어촌지역 민박에서 화재가 발생하자 농어촌정비법을 개정해 민박에 대한 안전 규제를 대폭 강화하기도 했다. 규제는 사고를 먹고 생겨나고 자란다는 말도 있다.

물론 사고 후 생기는 규제 모두를 불합리하다고 할 수는 없을 것이다. 사고가 일어나면, 기존 규제의 공백이 드러나게 되고, 그동안 관행적으로 이뤄져 왔던 습관이 문제였음이 드러나기 때문이다. 사고는 기존 규제의 부족한 점을 메워 주는 계기가 되기도 한다. 이런 규제 생성의 메커니즘은 국가에서만이 아니고 가정이나 학교, 회사에서도 작동된다. 어릴 적 시간 가는 줄 모르고 놀다가 엄마 걱정을 잔뜩 끼칠 만큼 늦게 들어간 날이면, "내일부턴 6시까지는 꼭 집에 돌아와야 해", "6시 넘어 전화 안 하고 늦으면 용돈 깎아 버린다"는 경험을 해 봤을 것이다. 늘 일찍 다녀 규제가 필요 없는 줄 알았는데, 갑작스런 아들의 늦은 귀가에 놀란 엄마는 하루아침에 규제를 이렇게 만든다.

이런 사고 후 규제 대응이 문제가 되는 건, 위험의 가능성을 원천 봉쇄해 버리겠다는 방식으로 규제를 도입할 때다. 어제까지는 규제 없이 지내왔는데, 한두 번의 강한 인상을 주는 사고 이후, 모두에 대해 매우 높은 수준의 규제를 요구하게 된다. 2015년 도입된 「화학물질의 등록 및 평가 등에 관한 법률(화평법)」은 기존 화학물질 연간 1톤 이상, 신규 화학물질 연간 100kg 이상의 화학물질을 제조·수입·판매하는 자에게 매년 정부 당국에 보고하고 등록 절차를 거치도록 했다. 이 규제는 도입 당시 엄청난 사회적 논란을 불러일으켰는데, 화학물질에 의한 사고가 걱정되고 위험하니 이 정도의 규제는 당연히 따라야 한다는 당위론과, 위의 규제 기준에 따르면 너무 많은 기업이 규제 부담을 갖게 되고, 그 비용도 상당하다는 현실론의 논쟁 때문이었다.

그런데 자세히 보면, 위의 규제에서 논란은 그 내용 중 '모든'과 '매년'이 핵심이다. 화학물질의 관리를 위해서는 일정한 양 이상의 화학물질에 대해서는 정부의 관리가 필요하고, 만약 위해 화학물질이라면 적절한 안전 조치를 강구하도록 요구하는 것도 정부의 역할이다. 그런데 수많은 화학물질 '모두'를, '매년' 정부에 보고하는 것이 타당한 방식일까. 정부 입장에서는 이렇게 규제를 정하면, 빠져나갈 틈이 없는 완벽한 규제 체계로 화학물질로 인한 안전사고 발생의 위험을 제로로 만들 수 있다고 생각할 수 있다. 그러나 이렇게 강한 규제를 적용함에 따라 화학물질을 제조·수입·판매하는 모든 기업은 화학물질을 평가할 전담조직을 갖출 수밖에 없다. 독성을 평가해야 하고, 그에 따른 보고서를 작성해야 하며, 정부에서 요구하는 절차에 따라 등록해야 하기 때문이다. 화평법에 따라 7,000개가 넘는 화학물질을 관리하게 됐다는 정부, 1개 화학물질당 평균 1,000만 원이 넘는, 많게는 1억 원 넘는 비용을 들여야 하는 기업의 부담을 어떻게 조화시킬 수 있을까.

그렇다면 이런 정부의 강한 규제가 모든 사고를 원천적으로 봉쇄할 수 있을까. 생각해 보면, 사고의 발생은 규제가 없어서이기도 하지만, 다른 원인도 많다. 화학물질의 독성을 평가하고 정부에 등록하지 않아서 불산 사고가 난 것일까. 아니면 화학물질의 아주 우연한 누출에 의한 사고일까. 종사자의 주의 수준이 낮았을 수도 있고, 공장시설의 고장을 발견하지 못했을 수도 있다. 이렇게 사고는 매우 다양한 원인에 의해 발생한다. 이런 다양한 요인으로 발생하는 사고에, 기업에 상당한 부담을 가중시키게 되는 규제를 들여놓게 되면, 사고 발생 방지의 효과보다 기업에 고생만 가중시키는 결과를 초래할 수도 있다.

친구와 놀다가 9시가 넘어 들어온 이후, '일 년 내내 6시 귀가, 1시간마다 엄마한테 전화'라는 엄마가 세운 새로운 규제를 겪게 되면, 이제 늦지는 않을지 모르지만, 너무 강한 규칙으로 옴짝달싹할 수 없는 답답함이 생긴다.

이런 답답함이 한두 번의 늦은 귀가를 막는 대가로 당연히 치러야 하는 비용으로 볼 수 있을까. 그것도 대부분은 일찍 들어와 엄마를 안심시켰던 특별히 문제아이도 아니었던 경우라면.

사고는 안 나는 게 상책이지만, 사고가 없는 세상은 한 번도 없었다. 인간이 통제할 수 없는 수많은 요인이 있기 때문이다. 우리는 아침에 출근하고 등교하면서도 사고의 확률에서 자유로울 수 없다. 건널목을 건너고, 자전거를 타고, 엘리베이터를 타고, 심지어는 멀쩡하게 걸어 올라가다가도 사고가 날 수 있다. 재수 없으면 크게 다칠 수도 있다. 이런 사고 중 어떤 것은 규제의 부족일 수도 있다. 그런데 또 어떤 것은 규제의 강화로 해결될 것이 아닐 수도 있다.

■ 규제하면 안전할 수 있다는 착각

정부가 국민의 안전과 생명을 보장하는 거야 당연한 의무이지만 구체적인 방법론으로 가면 여기에도 바로잡아야 할 오해가 있다. 규제로 안전과 생명을 확보할 수 있고 그래야 한다는 단견이 그것이다. 대형 사고라도 발생하면 이런 주장이 힘을 받기 시작하고, 규제가 강화된다. 그 결과 민간의 규제 부담이 증가하거나 지킬 수 없는 강력한 규제가 만들어지기도 한다. 아이러니하게도 규제 도입의 의도와는 달리 더 위험해져 버리기도 한다. 이 모두 안전과 생명 규제의 역설이다.

왜 그럴까? 규제개혁이나 재정으로 해결해야 할 어려운 일을, 안전과 생명 보호라는 절대명제를 등에 업고 민간에 보편적 비용을 부담시키는 규제를 유효한 정책 수단인 양 채택했기 때문이다. 좀 더 근본적으로는 대형 사고의 원인을 불합리한 규제나 규제 준수의 위반, 안전을 확보할 공공장치의 미비가 아닌 낮은 규제 수준에서 찾는 데 그 원인이 있다. 물론 사고에 따라 규제 미비가 문제되고 보완이 필요하기도 하겠지만 사고를 대하는 정부의 자세가 규제 강화에만 초점이 맞춰져 있어서는 곤란하다. 그리고 그 속에는 사고 발생의 복잡한 양상에도 불구하고, 그냥 규제를 강화해서 절대로 사고가 나지 않을 수준으로 만들어 버리면 다시는 그런 사고가 발생하지 않을 거란 단견이 자리 잡고 있다.

세월호 사고는 매우 극적이다. 세월호 사태 후 착한 규제와 나쁜 규제란 규제이론에도 없는 새로운 용어가 생겨나기도 했다. 생명과 안전을 보장하는 규제는 착한 규제고, 생명과 안전이 위험해질 수 있는 규제는 나쁜 규제란 논리다. 세월호 사고가 선령을 늘리고 선박 증축을 허용하는 규제 완화 때문에 발생했다는 논리도 여기에 맞닿아 있다. 그러나 세월호 사고 역시 사고 시 매뉴얼과 관리규정이 있었음에도 지켜지지 않았다. 인천과 제주도를 오가는 황금 여객 항로에 부실 회사만 영업이 가능할 수 있는 여객요금 규제도 있었다. 선박 안전검사를 책임지는 한국선급의 독점을 보장해 주는 규제도 있었다. 이런 근본적 규제를 문제 삼지 않고, 선박 증축을 허용하고 선령을 늘리는 규제를 세월호 사고의 원인으로 돌리면, 시험에 실패한 것을 비효율적인 공부 습관과 이것이 형성된 근본 요인에서 찾지 않고 시험장의 소란함에서 찾는 것과 무엇이 다를까? 시험장의 소란함도 문제겠지만, 세월호 사고 이후에도 선박 운항은 계속돼야 한다고 생각한다면 근본 원인을 바로잡는 게 옳을 것이다. 이렇게 본다면, 유감스럽게도 여전히 현재진행형인 세월호 사고로부터 우리 사회가 배운 건 여전히 부족하다고 봐야 한다. 규제개혁으로 본질을 치유해야 할 심대한 사안을 두고, 지난 6년간 우리는 대증적이고 변죽만 울리는 규제를 새로 만들어 놓고 문제 해결을 다한듯 여기고 있는 게 아닌지도 걱정이다.

2014년 2월 발생한 마우나리조트 사고도 마찬가지다. 갑작스럽게 내린 눈으로 100톤이 넘는 눈 무게를 견디지 못하고 무너져 버린 이 사고로 10명이 사망하고 105명이 중경상을 입었다. 수사 결과 여러 문제가 드러났지만 핵심은 다수의 학생이 운집한 체육관에 안전요원을 배치하지 않았고, 리조트의 책임자는 쌓인 눈을 적시에 제설하지 않았다는 거다. 마우나리조트는 준공 후 한 번도 안전 점검을 받지 않았는데 체육시설로 분류됐을 뿐만 아니라 연면적 1,205㎡(약 364평)로 점검 기준(5,000㎡)을 밑돌아 「시설물 안전관리에 관한 특별법」상 안전진단 대상이 아니었기 때문이다. 마우나리조트 사태 이후, 안전관리를 소홀히 한 책임을 지고 관련자는 처벌을 받았으며, 건축물의 안전 점검 등에 대한 규제도 강화됐었다. 이로써 문제 해결이 됐을까? 규제 강화 이후, 전국의 모든 샌드위치 패널 건축 비용은 높아졌고 누군가 이를 부담하고 있다. 정작 더 챙겨야 할 안전관리 의무 등의 규제 준수는 관심이 덜하다. 이렇게 하면, 있는 규제도 안 지키면서 규제를 자꾸만 강화하면 문제가 해결될 거라 생각하겠지만 결국은 민간에 과도한 비용만 초래할 뿐이다.

물론 안전과 생명이란 예민한 주제에 규제가 필요하다는 사실을 부인할 수는 없다. 문제는 규제가 문제를 해결해 주는 요술방망이는 아니라는 점이다. 위에서 든 사례처럼 안전과 생명의 문제는 오히려 무리한 규제를 초래하기도 한다. 규제가 아니라 규제개혁이 답인 경우가 생각보다 많은 것이다. 그리고 안전과 생명 확보에 무엇보다 중요한 건, 규제보다 재정 투입이 효과적인 경우가 많다는 점이다. 어떤 시설이 안전하지 않다면, 정부가 재정을 투입해 해당 시설의 안전장치를 마련할 일이지, 규제 도입으로 모든 시설에 부담을 가중시키는 이 오래된 관행에서 정부는 빨리 탈피해야 한다.

■ 완전한 게 완전한 게 아니다

"완벽하게 대책을 마련하겠다." 사고 대책에 빠지지 않는 말이다. 정부는 사고가 나면 으레 전수조사라는 걸 한다. 식중독 사고가 나도, 학원에서 사고가 생겨도, 민박집 화재가 나도 첫마디는 전수조사를 통해 문제점을 확인하겠다는 것이다. 갑자기 공무원들이 업체마다 돌아다니기 시작하고 규제 리스트를 늘어놓으며 지키고 있는지를 따지기 시작한다. 전수조사도 시작한다, 공문 보내고, 언론에도 발표되고 하면 업체는 바빠진다. 현장 점검에 대응해야 하기 때문이다. 장부 정리를 시작하고, 안전관리자 배치도 조정하며, 간단한 배관 공사나 화재경보장치도 손본다. 이렇게 시끄럽게 시작된 전수조사가 끝난 후, 정부 발표는 생각보다 초라하다.

규제만 보면, 우리나라는 거의 완벽하게 안전한 국가일 수도 있다. 거의 모든 업체는 주기적으로 시설 점검을 받아야 하고, 각 시설마다 안전 기준도 다 마련돼 있다. 안전 기준대로만 하면 화재가 나도, 스프링클러가 작동하고 비상구도 정확히 배치돼 있고, 규정대로 배치된 안전관리자에 따라 대치도 신속하게 할 수 있다. 그마저도 규제가 없다 싶으면, 국회나 정부가 신속하게 만들어 보완한다. 이쯤 되면 사고가 안 나야 하고, 발생한다 해도 사망자나 부상자가 없어야 한다. 그런데 사고는 여전히 일어난다. 그 이유는 '안전불감증'이란다. 이상하게 사고만 나면 나오는 말이다.

이유는 완전한 규제를 현장에서 지키지 않기 때문이다. 그리고 어쩌면 지킬 필요도 없기 때문이기도 하다. 우리나라에서 업체들은 평소에는 규제를 적당히 지키다가, 시설 점검 전이나 갑작스럽게 발표된 전수검사 전에 후다닥 묶은 숙제하듯 규제 기준들을 갖다 놓고 대비한다. 이것은 마치 고속도로에서 신나게 달리다가, 과속 방지 카메라 앞에서만 급하게 속도를 낮춰 통과한 후, 엑셀 밟아 다시 속도를 올리는 것과 같다. 안전한 거 같지만 안전하지 않은 거다.

미국과 우리나라의 식품안전 규제의 현장 적용은 상당히 다르다는 게 전문가의 판단이다. 규제만 놓고 보면 우리나라가 훨씬 안전할 것 같은데, 사실은 미국 시스템이 더 낫다는 거다. 안전 점검이 일 년에도 몇 번씩 불시에 이뤄지며 이렇게 찾아온 점검자들은 업체에서 부족한 부분이 무엇인지 점검해 개선을 요구한다. 다음번 방문에서 개선을 확인하고, 업체에서 추가로 신경 써야 할 것들을 컨설팅한다. 이런 점검과 컨설팅의 이력이 있어서, 코스트코도 납품할 수 있고, 타깃에도 납품할 수 있다. 이런 메커니즘에 업체는 규제 담당자의 방문을 기다린다. 부족한 부분을 짚어 주고, 보완할 수 있게 도움을 주기 때문이다. 안전관리자를 따로 두기 힘든 작은 업체에선 이런 도움이 더 반갑다.

우리나라는 이런 시스템이 제대로 작동하지 않는다. 높은 규제 기준을 만들고, 시설 점검일이나 사고 이후 찾아온 현장 점검원들은 눈에 불을 켜고 규제 위반 사항을 찾는다. 벌금이나 과태료를 매기고 돌아간다. 개선 사항을 주기적으로 찾아와 확인하는 것은 드물다. 업체 사장은 재수가 없었다 생각하고 벌금이나 과태료를 내면 그만이다. 가끔은 좀 더 작은 과태료를 매겨달라는 거래도 이뤄진다. 아는 사이니, 재수 없게 됐으니 조금 싼 걸로 끊어준다는. 사실 이런 현장 메커니즘이 얼마 전까지도 작동했다.

우리나라에선 높은 규제 기준과 현장의 규제 작동은 이렇게 엇박자다. 그래서 규제가 정해진 대로 실제로 작동되지 않는다. 완전한 게 완전한 게 아닌 거다.

3
규제, 획일적일 수밖에 없다

프로크루스테스(Procrustes)는 그리스 신화에 나오는 인물이다. 그의 집

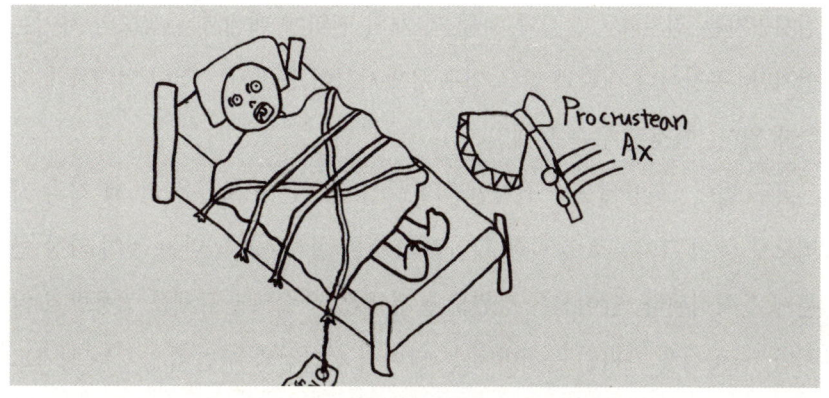

그림: 이동진

사람들의 키에 상관없이 침대에 눕혀 놓고 잘라 버리는
프로크루테스의 침대 사례는 규제의 획일성을 경계하고 있다.

에는 철로 된 침대가 있어 사람을 잡아 침대에 눕혀, 작으면 몸통을 늘리고 크면 잘라서 죽였다고 한다. 그가 가진 침대는 길이 조절 장치가 있어 누가 눕더라도 딱 맞을 수는 없었다고 한다. 규제의 획일성을 언급할 때, 전문가들 사이에 흔히 오가는 유명한 사례다. 천차만별의 세상에 단순하고 획일적인 규제를 적용할 때 나타날 수 있는 문제를 좀 극단적인 사례로 비유해 본 것이다.

수도권 규제는 수도권의 과밀을 막기 위해 1960년대부터 이뤄져 온 규제다. 처음에는 수도권에 대한 확실한 개념이 없이 서울과 인근 지역을 대상으로 했으나, 1983년 수도권정비계획법에 따라 서울특별시, 인천광역시, 경기도 전역으로 수도권이 확정됐다. 이들 지역을 정부는 과밀억제권역, 성장관리권역, 자연보전권역의 3개의 권역으로 나눠 강력한 입지 규제를 하고 있다. 수도권으로 집중이 너무 심하니 수도권으로 진입을 제한하는 방식으로 수도권의 과도한 성장을 막고 지방으로 유도해 전국을 균형 있게 발전시키자는 취지다. 그 결과 이들 세 개의 권역에 대해서는 정도의 차이는 있지만, 공장이나 대학과 같은 인구 유발시설이 들어서는 것이 엄격하게 제한돼 왔다. 이것이 무슨 문제일까.

너무 넓어 그 안에서도 천차만별의 특성이 있는 수도권을 딱 세 개의 지역으로 나눠 그야말로 강력한 획일적 규제를 실시하고 있다는 것이 가장 큰 문제로 지적된다. 남이섬은 강원도 춘천에 있어 수도권 규제를 적용받지 않지만, 남이섬을 가려면 들러야 하는 남이섬 선착장과 주변 휴양지는 경기도 가평에 있어서 수도권 규제의 적용을 받는다. 경기도 화성의 국화도는 충남 당진이 경기도보다 훨씬 가까운데도 경기도에 속해 수도권 규제의 적용을 받는다.

성장관리권역은 수도권 중에서도 동두천, 안산, 오산, 평택, 파주, 연천, 포천, 양주, 김포, 화성에 해당하는 지역인데, 이들은 과밀억제권역보다는 완화된 상태지만 여전히 강력한 인구밀집 억제 규제를 적용받고 있다. 정원 100명이 안 되는 소규모 대학의 예외적 입지 허가, 지역 주민 소득 증대의 목적을 전제로 공업지역 확장 가능이 그것이다. 그런데, 이들 성장관리권역은 수도권의 경계 지역에 해당돼 충청권, 강원권과 거의 입지상의 특성이 유사함에도 이들 규제의 적용을 받는다는 것이다. 성장억제권역 내에서도 휴전선 근처 북쪽인 연천과 포천은 오산과 안산, 화성과는 다를 수밖에 없음에도 동일한 규제를 적용받고 있다는 것도 문제다.

이런 수도권 규제는 정부가 기대한 것과는 상당히 다른 방식의 효과를 초래했는데 수도권의 공장이 지방으로 이전하는 것이 아니라, 아예 해외로 이전해 버리는 것을 가속화시켰다는 것이다. 안 그래도 인건비 부담으로 제조공장의 유지에 어려움을 겪는 기업들이, 기존 공장 확장으로 규모의 경제를 만들어 생산 비용을 줄이려 해도 수도권에서는 이것이 매우 불편하거나 불가능했기 때문이다. 이런 상황에 지방으로 이전하나, 국외로 이전하나 이전하는 것은 마찬가지고, 국외는 인건비도 국내보다 훨씬 싸니까 어차피 이전하는 것 해외로 가자고 판단한 것이다. 실제로 수도권 기업의 해외 진출은 상당히 높다.

수도권 규제의 그 밖의 성과는 어떨까. 인구 집중을 막는다고, 지방의 경쟁력을 강화한다고 하지만, 생각보다 그 효과가 있는 것 같지 않다. 사람들은 여전히 서울로 몰려가려 하고, 그곳에 살고 싶고 일하고 싶어하기 때문이다. 그것은 세계 5위권의 메갈로폴리스(megalopolis) 서울을 비롯한 수도권에 좋은 일자리가 많기 때문이다. 수도권 지역이 그 외의 지역에 비해 부동산 가격이 몇 배나 된다는 것은 수도권 규제에도 불구하고 사람들의 수도권 입지 선호를 꺾을 수 없다는 것을 보여준다. 수도권 규제는 이미 수도권에 있었던 기업이나 대학의 경쟁력 약화를 초래한다는 의견도 있다. 한국개발연구원에서 2015년 발표한 수도권 정원 규제와 대학 간 경쟁이란 보고서에서 수도권 규제로 수도권 대학의 입지 프리미엄과 정원 규제에 따른 초과 수요는 대학 간 경쟁 유인을 약화시킬 수 있다고 지적했다. 실제로 입학생의 평균 성적이 높은 수도권 대학이 비수도권 대학보다 취업률과 같은 성과에서 높지 않았다는 것이다.

1983년부터 본격화된 현재의 수도권 규제 체계는 그동안 일부 세부적인 조정은 있어 왔지만, 규제의 틀이 바뀌지 않고 여전히 유지되고 있다. 그 결과 수도권 경계 지역에 사는 사람들은 "우리는 수도권보다 지방에 가까우니 규제를 풀어달라"고 아우성이고, 수도권 내의 공장들은 지방이 아닌 해외로 이전했다. 수도권에 이미 입지한 대학이나 공장은 수도권 규제라는 장벽으로 다른 지역에서 수도권으로의 진입을 막아 놓은 안전지대에서 상대적으로 유리한 위치를 점하고 있다. 이런 강력한 규제에도 사람들이 수도권으로 어떻게든 가고자 하는 욕구를 꺾지 못한 것은 물론이다.

사실 우리나라의 수도권 규제는 프랑스와 일본에서 시행했던 것과 유사했다. 이들 국가 역시 파리와 도쿄를 중심으로 한 수도권의 과밀과 팽창을 막기 위해 강력한 입지 규제를 실시했었다. 그런데 1980년대 들어, 이들 국가는 강력한 입지 제한을 특징으로 한 획일적인 수도권 규제를 폐지하고 지역의 특성을 살린 계획 방식으로 규제의 틀을 전환했다. 규제를 좀 더 유연화함으로써 경쟁력이 강한 수도권을 오히려 키워 주고, 과밀의 문제가 있는 지역에 대해서만 특정해서 계획을 통해 문제 해결을 하는 방식이었다. 현재로서는 이런 수도권 규제의 새로운 정비가 우리나라에서는 요원해 보인다.

 수도권 규제의 예를 들지 않더라도, 규제의 속성상 획일성은 어쩔 수 없는 것이기도 하지만, 정부는 꾸준한 규제관리를 통해 상황 변화를 반영한 좀 더 유연한 규제로 전환해야 한다. 정부가 이 어렵지만 해야 할 일에 관심을 기울여야 늑장 개혁이라도 이뤄질 수 있기 때문이다. 물론 쉬운 일은 아니다.

 그런데 프로크루스테스는 자기 침대에서 자기가 한 것과 똑같은 방식으로 테세우스(Theseus)에게 죽음을 당했다.

4
규제개혁은 계속되는 과정이다

■ 습관은 시간이 걸린다

 규제개혁을 두고 한 번에 효과가 나타날 것으로 성급한 기대를 하는 것은 금물이다. 규제 기준의 변화는 분명 사람들의 인센티브에 결정적인 영향을 미치는 것이지만 규제 기준 변화와 동시에 이를 통해 기대하는 목적, 경제적 성과의 제고, 투자 활성화, 사고 발생의 저하 등이 나타나는 것은 아니기 때문이다. 규제 변화로 인해 사람들의 행위의 변화는 직접적으로 이뤄지지만 그것이 궁극적으로 규제개혁을 통해 의도하는 목적으로 연결되기 위해서는 다른 조건이나 상황의 성숙이 필요하다.
 기업은 진입규제를 없애면 해당 업역으로 진출을 고려하기 시작하게 되고, 가격 규제를 없애면 가격의 조정을 시도해 보려 한다. 또한 사업 활동에 따르는 다양한 규제를 개선하게 되면 기존의 불합리한 규제 기준에 따라 제약됐던 활동들을 시도해 보려고 한다. 물론 이것이 규제개혁과 동시에 일어나는 것은 아니다. 심하게는 불합리한 진입 규제를 개혁한다고 해당 업역에 대한 신규 진출 기업이 하나도 없을 수도 있다. 이런 경우 규제개혁의 효과는 전혀 없는 것처럼 느껴질 수도 있다.

한편 규제기준에 대해 사람들은 빨리 적응해서 자신들의 규제개혁 수요에 대한 베이스라인(baseline)을 조정한다. 규제개혁 이전에는 동사무소의 행정 서식에서 20개의 공란을 메우는 것을 불편해 하던 국민들이 이제 15개로 개선해 주면, 이제 15개를 두고 이보다 더 편리한 행정 서비스를 요구하기 시작하는 것이다. 이런 방식의 베이스라인의 조정은 어떤 규제 기준의 조정에서도 거의 즉각적으로 발생하기 때문에 규제개혁을 통해 잠깐의 체감도 개선은 있을 수 있지만 어느새 바뀐 규제 기준이 다시 불편하고 번거롭다며 개선을 요구하는 상황이 벌어지는 것이 규제개혁 현장에서의 일반적인 모습이다.

이런 규제개혁에 대한 낮은 체감도에도 불구하고 규제개혁은 여전히 중요하다. 아니 정부의 어떤 정책적인 노력보다도 규제개혁은 어느 정부나 가장 중요한 국정 과제가 돼야 한다. 그리고 정부는 규제 개선의 과정 한 단계 한 단계에서 국민으로부터 칭찬을 기대하지 말아야 한다. 아니 국민의 칭찬이나 관심이 없더라도, 심지어 국민의 비판에도 우리 사회의 지속가능성을 위해 해야 할 일이라면 과감한 개혁이 필요하다.

이를 위해 규제개혁은 어떤 행위를 할 가능성을 높여 다양한 기회를 진작함으로써 장기적으로 사회 시스템의 변화를 도모하는 것이지 재정정책과 같이 직접적으로 가시적인 성과를 기대하는 것이 아님을 분명히 인식해야 한다. 재정정책이 병원에 입원해 링거와 주사를 맞으며 한 번에 건강을 찾는 것이라면 규제정책은 기상 시간, 운동 시간, 수면 시간, 식습관 등과 같은 생활의 규칙을 바꿔서 건강의 회복을 도모하는 것에 비유할 수 있다. 당연히 생활규칙을 바꾸는 것은 직접적이지는 않지만 링거를 맞거나 주사를 맞는 것보다 더 중요하다. 더구나 링거나 주사를 맞을 여유가 없는 경우에는 생활규칙의 변화가 유일하게 남아 있는 최선의 수단이 돼 버리기도 한다. 참고로 국가 부채가 급격히 증가하는 등 우리나라의 재정정책의 여유는 점차 줄어들 것이란 전망이 우세하다.

■ 규제개혁의 덧셈 법칙, 곱셈 법칙

규제개혁에는 덧셈 법칙과 곱셈 법칙이란 게 있다. 규제개혁은 어느 정부나 중요한 국정과제였다. 정부 내에는 규제개혁위원회가 각 부처의 규제개혁 성과를 점검하고 매년 평가에 반영하고 있다. 정부부처로서는 규제개혁에 신경을 쓸 수밖에 없는 구조인 것이다. 규제개혁 평가에서는 규제를 몇 건 개선했는가가 중요하다. 일몰 개선 몇 건, 규제신문고 수용 몇 건, 규제 샌드박스 몇 건, 이렇게 각 부처의 규제개혁 성과는 건수로 평가된다. 물론 이 밖에도 중요한 규제 개선 사안에 대해서는 질적인 평가도 한다. 그러나 규제개혁 건수가 상대적으로 부족해서는 좋은 평가를 받을 수 없다. 이것은 행정자치부의 지방자치단체 규제개혁 평가에서도 마찬가지다.

정부의 규제개혁의 성과는 덧셈 법칙이 작동하는 것이다. 하나보다는 두 건을 하면 더 좋고, 두 건보다는 세 건을 하면 더 좋다. 규제 개선 건수가 많으면 많을수록 규제개혁 평가를 잘 받을 수 있다. 매년 발간되는 규제개혁 백서에도 부처별 규제개혁 건수가 통계로 처리돼 실린다. 이런 덧셈 법칙은 정부가 일하는 속성상 어쩌면 당연한 귀결이다. 각 부처의 규제개혁 성과를 관리하기 위해서는 관심 대상의 중요규제의 개선에만 초점을 둬서는 곤란하다. 그렇다고, 모든 규제를 면밀히 들여다보기엔 시간도 부족하고 자원도 부족하다. 각 부처 스스로의 규제개혁의 실적을 보고받을 수밖에 없다. 당연히 규제개혁 건수가 규제개혁 성과로 간주되기 쉽다.

그렇다면 규제개혁 건수가 많으면 규제개혁의 효과도 높은 것일까? 그럴 수도 있고, 아닐 수도 있다. 아니, 현실에서는 규제개혁 건수가 많다고 규제개혁의 효과를 보장하지 못하는 경우가 훨씬 많다. 규제개혁의 곱셈 법칙 때문이다. 골프장 한번 짓는데 행정기관 도장 900개가 필요하다는 말이 회자된 때가 있었다. 그만큼 크고 작은 공사를 하는데 관공서 문턱이 닳도록 드나들어야 한다는 말이다. 물론 이런 애로는 그동안의 규제 개선을 통해 많이 개선되긴 했다. 그런데 여기서 잊지 말아야 할 것이 있다. 900개의 도장 중 하나만 못 받아도 골프장 건설은 결과적으로 안 된다는 것이다. 900개의 도장은 골프장을 짓기 위한 필요 조건이 아니고, 충분 조건이기 때문이다. 아무리 큰 수라도 영(0)과 곱해지면 결과는 영(0)이다. 골프장 건설의 규제 절차를 아무리 많이 개선해도, 하나의 결정적인 규제를 개선하지 못하면 어차피 골프장을 못 짓는다는 것이다.

사정이 이렇다면, 규제개혁에 대한 정부의 인식과 민간의 인식 수준에는 상당한 차이가 있을 수 있다는 짐작이 쉽게 된다. "올해 정부는 규제의 절반을 없앴습니다." 김대중 정부 때 얘기다. "규제의 전봇대를 확 뽑겠습니다." 이명박 정부 때 얘기다. "규제는 손톱 밑 가시이고 암 덩어리입니다. 확실히 개선하겠습니다." 박근혜 정부 때 얘기다. "규제혁신으로 신산업에 기회를 주겠습니다." 문재인 정부 얘기다. 모든 정부에서 규제는 중요한 개혁 과제였고, 끊임없이 관리해 왔다. 그런데 2021년, 스타트업의 가장 큰 요구 사항은 아직도 규제개혁이다. 대기업도 규제개혁, 중소기업도 규제개혁을 여전히 국가 발전의 핵심 과제로 요구하고 있다. 정부가 도대체 규제개혁에 한 일이 없다는 말도 한다. 총리가 약속한 규제개혁 절반도 못했다느니, 규제개혁은 시늉뿐이라느니, 규제개혁의 체감이 낮다느니 하는 말이 신문에 오르내린다.

　규제개혁에 열심히 해 온 정부, 공무원으로서는 힘이 빠지는 일이다. 규제개혁 백서를 한번 보라고 권하고 싶어진다. 매년 천 건이 넘는 규제가 실제로 정부의 노력으로 개선되고 있기 때문이다. 그렇다면 이것으로 충분할까? 아니다. 규제개혁은 덧셈 법칙이 아닌 곱셈 법칙으로 이해될 때에만 진정한 효과를 기대할 수 있기 때문이다. 그러기 위해 정부는 끊임없는 규제개혁을 할 수밖에 없다. 컨베이어 벨트처럼 연계된 규제 속에 고질적인 하나의 규제를 개선했더니 곧 성과가 났다. 그런데 시간이 지나면, 이제 컨베이어 벨트의 다른 곳들에서 문제가 생기기 시작한다. 자리를 옮겨 가며 고치기를 반복해야 컨베이어 벨트가 제대로 작동할 수 있다. 하나라도, 한 번이라도 그냥 넘어가면 금방 표시가 난다. 그동안의 노력도 허사가 되고, 작업 차질로 생긴 문제를 추궁당한다.

규제개혁이 그렇다. 공무원에겐 컨베이어 벨트 고장 한 건 한 건을 고치는 것이 성과겠지만 국민들에게는 컨베이어 벨트가 돌아가지 않는 게 문제다. 공무원에게 규제개혁은 덧셈 법칙이지만, 국민들에게 규제개혁은 곱셈 법칙이기 때문이다. 그래서 규제개혁은 정부라면 마땅히 계속해야 할 숙명과 같은 일이다. 시지푸스가 금방 굴러 떨어질 돌을 산꼭대기로 다시 올리길 반복해야 하는 것처럼 말이다.

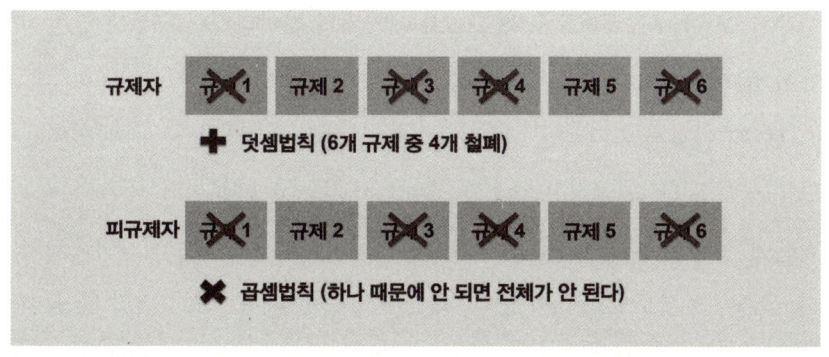

출처: 규제개혁장관회의 발표 자료(2014.3.20).

■ 규제개혁은 규제개혁의 원인이다

 정부는 한 번의 규제개혁으로 문제가 해결될 것이라고 규제개혁의 성과를 주장하나, 정작 민간에선 이 하나의 규제개혁만으로는 충분하지 않다. 새로운 규제개혁 수요가 발생하기 때문이다. 규제개혁은 계속되는 과정이고, 규제개혁은 새로운 규제개혁을 부른다.

2006년, 우리나라 국민은 정부의 획기적인 서비스에 환호했다. 연말정산 간소화 서비스가 전면 도입됐기 때문이다. 그때까지만 해도, 매년 말이 되면 연말정산을 위해 각종 영수증을 챙기는 것이 온 국민의 일거리였다. 기부금 영수증을 떼기 위해 약국에, 병원에, 안경점을 들락날락했다. 카드사로부터 두툼한 일 년 치 사용 내역이 날아오는 시기이기도 하다. 연말정산 간소화 서비스는 이런 온 국민의 노력을 거의 제로로 만들어줬다. 거래 내역이 자동으로 국세청 전산으로 관리되니, 연말정산 간소화 서비스에 로그인해서 몇 번의 클릭만으로 작년까지 여기저기 찾아다니던 구두창 닳는 비용이 줄어든 것이다. "정부가 일 좀 하네." 이런 말이 나왔다.

그런데 이렇게 획기적인 행정간소화를 성취한 국세청은 곧 온 국민의 불만 대상이 됐다. 연말정산 간소화 서비스 대기 시간 때문이다. 서버 용량은 작은데 전 국민이 특정 기간, 시간대에 접속하다 보니 대기 시간이 길어졌다. 20분, 30분도 기다려야 했다. 화난 국민들은 다시 국세청더러 일 좀 하라고 느려진 컴퓨터 앞에 앉아 짜증을 냈다. 사실 30분이나 기다려도, 이전까지 며칠 동안이나 영수증 구하러 다니던 수고로움에 비길 바가 아니었지만, 이건 이제 과거 일이 된 것이다. 정부에 대한 국민의 요구가 딱 이와 같다.

어떤 불편한 규제를 한번 개선했다고 그걸로 끝나는 게 아니다. 규제개혁은 또 다른 규제개혁의 원인이 되기 때문이다. 하나의 규제개혁을 해결해주면 사업 추진 과정에서 또 다른 불합리한 규제가 등장하는 경우가 대부분이다. 이것은 청소를 한번 시작하면, 어디선가 치울 것이 계속 나타나는 것과 같다. 재미있는 것은 처음부터 청소를 하지 않았다면 그렇게 많이 치울 것이 나타나지도 않았을 거란 점이다. 규제개혁도 이와 같다. 한번 시작한 규제개혁은 그로 인해 불합리해진, 혹은 불합리함이 드러난 규제들이 순차적으로 개선되지 않으면 기대한 효과를 보기 힘들다. 수많은 단편적·일시적 규제개혁들이 개혁 당시에는 무언가 획기적인 변화가 있을 것으로 홍보되지만 시간이 지나면 막상 이뤄진 게 거의 없다는 평가를 받게 되는 것도 바로 이것 때문이다.

더구나 아무리 합리적인 규제라도 시간이 지나면 개선 수요가 생긴다는 점을 고려하면, 규제개혁은 정부가 한시라도 제쳐 놓지 말고 챙겨야 할 중요한 국가 과제임이 분명해진다. 정부가 사회 문제를 해결하겠다고 나서지만, 사실 정부 일의 본질은 그런 사회 문제 중 상당수가 정부의 불합리한 규제들 때문임을 깨닫는 것이다. 그리고 이를 계속 바로잡는 것이다. 매일매일의 청소를 게을리하는 가정이 깔끔하게 정돈돼 있을 수 없듯, 매일매일 새롭게 쌓이는 불합리한 규제를 꾸준히 개선하지 않는 정부에서는 민간 부문이 제대로 설 수 없다.

규제를 규제한다

1. 규제는 여전히, 앞으로도 필요하다   2. 규제관리에 대한 흔한 오해

4. 규제의 품질을 관리하자   5. 규제관리의 개혁을 원한다

4 / 그래도 규제, 이렇게 해보자

3. 규제개혁엔 유능한 관료가 필요하다

1
규제는 여전히, 앞으로도 필요하다

■ 드론 택시, 아직 없는 이유

　드론(drone)은 4차 산업혁명 시대의 핵심 기술 중 하나다. 자동차는 도로라는 하드웨어가 잘 정비돼야만 가능한데다, 잘 닦인 도로에서만 쓸모가 있다. 기차도 마찬가지다. 그런데 드론은 다르다. 보잉(Boeing)의 비행기와 같은 비싸고 큰 비행 수단이 아니고도 공중을 자유롭게 날아다닐 수 있다. 드론을 이용해 농약을 살포하고, 실종자를 찾고, 토지조사를 하고, 방송 촬영이 가능해지면서 이전보다 훨씬 적은 비용으로 훨씬 효율적으로 일을 할 수 있게 됐다. 요즘은 대학에 드론학과도 있으며, 드론 자격증을 갖추는 것이 미래 유망한 일자리를 준비하는 것으로 여겨지기도 한다.
　이쯤 되면 드론 택시도 금방 가능할 것 같다. 추락 시의 안전과 같은 문제도 있지만 적어도 드론에 사람을 태워 나르는 면에서만 보면, 기술적으로 큰 문제가 없다. 누군가 사업화의 아이디어를 가지고, 드론 택시를 한번 시험해 볼 만도 하다. 스턴트맨에 온갖 안전장치를 마련해서 넓은 들판이나 가로막힌 산, 강을 넘어가는 시범 서비스 말이다. 드론 택시를 간단히 이륙하고 착륙시키는 정거장만 확보한다면 가능한 일이다. 그런데 드론 택시는 아직 요원하다. 드론 택시가 안 되는 것은 규제가 없기 때문이다. 자동차를 운행하려면 도로교통법과 같이 자동차 운행 전반을 합리적으로 규정할 규제가 있어야 하듯, 드론도 마찬가지다. 공상과학 영화처럼 하늘을 날아다니는 드론이 현실화되려면, 드론이 다닐 수 있는 하늘 길을 정해야 한다. 그리고 비행 방법과 비행 속도, 비행안전 규범, 소음 수준과 사고 시 운전자가 해야 할 일도 정해야 하고, 책임보험 가입도 강제해야 한다. 여기에 드론 택시에 대한 안전 점검의 주기를 정하고, 안전 점검 항목을 정해야 하며, 이런 안전 점검을 담당할 기관도 지정해야 한다.

이런 규제 없이 드론 택시 사업을 하게 되면, 하늘을 온통 소음을 내며 복잡하게 날아다니는 드론, 그러다가 전깃줄에 걸리고, 큰 빌딩에 부딪치는 드론을 봐야 할 수도 있다. 이런 드론 사고는 났다 하면 대형 사고로 이어질 가능성이 높다. 드론 택시의 사업화를 고민하는 사람은 이 사실을 너무 잘 알고 있다. 규제도 없는 드론 택시의 위험을 감수하며 드론 택시를 이용할 사람도 몇 안 될 것이고, 사업자는 한번 사고가 나면, 심각한 책임 문제가 따르는 드론 택시를 해 보겠다고 할 리도 없다. 그래서 드론의 비행과 안전을 정해놓은 규정이 없으면 앞으로 아무리 기술이 고도화된다고 해도, 심지어 사고가 나 떨어져도 부서지지 않고 충격도 낮은 드론 제작 기술이 출현한다 해도, 드론 택시는 불가능하다.

그 밖에도 우리 주변에는 어쩌면 규제가 없으면 불편할 일들이 더 많다. 신호등 앞에 파란불과 빨간불이 정확히 바뀌고, 파란불에는 가고 빨간불에는 서야 하는 것도 국가가 만든 규제다. 이런 규제가 없으면 사거리 교통은 삽시간에 마비될 것이다. 초등학교는 6학년, 중학교, 고등학교는 3학년까지 교과과정을 채워야 하고, 국가가 요구하는 최소한의 교육이 이뤄져야 한다. 이런 교육 규제가 없으면 민주시민, 성숙한 시민은 고사하고, 글 읽기와 계산 능력, 논리력을 갖춘 보편적인 성인을 키워 내기 어렵다. 문맹률이 낮아 전 국민이 글로 자유롭게 소통할 수 있고, 계산 능력을 가지며, 신문 기사를 읽고 그 옳고 그름을 판단하고, 얘기할 수 있는 사람들을 양성하는 것은 성숙한 사회의 기본이다.

그래서 규제는 필요하고 이런 사실은 앞으로도 변하지 않을 거다. 사회는 개인끼리 해결할 수 없는 경우가 생각보다 많다. 그것이 사람의 이기심이 원인일 수도 있고, 사람들이 서로서로 잘 몰라서일 수도 있다. 미래를 알 수 없다는 불확실성도 중요한 원인 중 하나다. 이런 문제 모두에 정부가 개입할 필요가 있는 것은 아니지만, 개인보다 정부의 개입으로 좀 더 잘 대응할 수 있는 것도 많다.

■ 규제는 사회 존속의 방파제

사회의 많은 문제가 위 드론 택시의 사례와 같다. 시장에서의 자유란 무정부 상태에서 무엇이나 할 수 있는 자유가 아니다. 부동산 거래를 하더라도, 그 거래 내역을 신고하는 의무를 지켜야 하며, 교환을 최대한 허용하는 것이 덕목이라 해도, 국가나 공동체에 따라서는 마약이나 성매매는 금지된다. 사회가 약속한 관습과 규범을 반영한 규제는 건전한 공동체를 만들어 가는 제도이기 때문이다.

어쩌면 정부나 정치인, 대통령이 규제를 만들면서, 국민을 위한 것이라고 발표하는 것은 그것이 단기적으로는 누군가에겐 이익, 누군가에겐 피해를 주지만, 국가공동체의 지속 가능한 발전을 위해서는 반드시 필요하다는 판단 때문일 수도 있다. 부동산 대출 규제로 부자보다 재정 동원 능력이 열악한 가난한 사람들이 부동산 거래에 상대적으로 어려움을 겪을 수 있지만 금융 전반의 건전성을 유지하고, 부동산 거품 붕괴 시 부동산 시장이 한꺼번에 무너지는 것을 방지하기 위해서는 이런 규제가 꼭 필요할 수도 있다. 이런 점에서 규제는 많은 경우 불완전한 세상에 방파제 역할을 한다.

2000년대 들어, 사스(SARS), 신종플루, 메르스(MERS), 신종 코로나바이러스 감염증(COVID-19)이 거의 4~5년을 주기로 발병했다. 봄만 되면 중국에서 오는 황사에 상시적 미세먼지, 이 모든 것으로 갑자기 수요가 많아진 게 바로 마스크다. 코로나바이러스는 2019년 12월 중국 우한(武漢)에서 발발했는데, 불과 한 달 만에 중국 전역과 우리나라, 일본, 대만을 포함한 주요 아시아 국가, 미국과 유럽까지 퍼져 갔다. 갑자기 바이러스 전염에 대한 걱정이 커졌다.

때를 맞춰 등장한 것이 마스크 매점매석이었다. 2020년 2월 5일, 정부는 4월 30일까지 한시적으로 마스크를 월평균 판매량의 150%를 초과해서 5

일 이상 보관하는 행위를 매점매석으로 간주하는 고시를 도입했다. 180명의 단속반을 구성해 시장에서 마스크 매점매석을 점검하는 조치도 함께 했다. 2월 초 마스크 재고량이 3,100만 개, 하루 1,000만 개 생산 가능한 상황임에도 마스크 수요 폭증으로 온라인 쇼핑몰에서 1,000원하던 마스크가 10,000원으로 10배 폭등하고, 300만 개씩이나 매점매석하는 바이어들 간 비밀 카톡방도 등장했다. 코로나바이러스 이전인 불과 두 달 전만 해도 마스크는 300원 정도면 살 수 있는 생활용품이었다.

부동산 거래 시 주택 담보 대출 비율(LTV)도 있다. 내가 내 주택을 담보로 집을 산다는데, 은행에서 정하면 될 담보 대출 비율을 왜 정부에서 규제하냐고 못마땅한 사람도 있을 것이다. 그런데 별일 없고, 평화로운 것 같은 시장은 생각보다 자주 급변하는 등락을 겪는다. 2000년대 들어서만, 세계 여러 국가가 국가 부도와 신용 위기를 겪었다. 일찍이 일본은 1980년대 부동산 거품 붕괴의 폭락을 경험했고, 미국은 2007년 서브프라임 모기지 사태라는 금융 위기로 인해 국가경제가 휘청거리기도 했다. 우리나라도 1997년 IMF 경제 위기를 아직 기억하고 있다.

이렇게 갑작스럽게 국가경제 전체가 충격을 받게 되면, 부동산 전체 가치가 하락한다. 주택 담보 대출 비율을 규제하지 않으면, 주택 가치가 담보 가치보다 낮아질 수도 있다. 그 결과는 개인의 경제적 실패를 넘어 한 국가의 금융 시스템의 마비, 전체 부동산 시장의 괴멸적 붕괴가 발생할 수도 있다. 이런 일이 발생하는 이유는 한 개인의 합리적이고 이기적인 선택이, 늘 전체의 이익과도 부합하는 상태를 유지하기 힘들기 때문이다. 주택 담보 대출 비율 규제는 어쩌면 이런 불확실성과 개인 결정의 불완전함에 대비하고, 공동체 전체의 지속가능성을 위한 장치인 것이다. 물론 주택 담보 대출 비율을 70%로 해야 하는지, 80%로 해야 하는지와 같은 그 적정 수준을 두고는 논란이 있을 수 있지만, 분명한 사실은 주택 담보 대출 비율 규제는 필요한 규제라는 점이다.

 그래서 불합리한 규제가 초래하는 불편함과 잦은 부작용에도 불구하고 규제가 필요 없다는 사람은 한 명도 없다. 무정부주의를 주장하는 극소수를 제외하면 국가와 시장, 정부와 개인이라는 두 주체가 함께 만들어 온 사회와 경제 발전의 역사를 인정한다. 새가 한 날개로만 날 수 없듯이, 인간사의 복잡한 문제 해결도 정부 규제와 개인 자율 모두가 있어야 가능하다. 이런 의미에서 규제의 부작용을 지적하는 것은 규제를 아예 하지 말라는 것보다는 규제를 할 때는 세심하게 설계해서 조심스럽게 집행해야 하며, 부작용을 가급적 적시에 수정해 문제를 최소화해야 한다는 것이다.

2
규제관리에 대한 흔한 오해

■ 특혜를 주기 위한 게 아니다

규제관리가 특정 사람들에 혜택을 주기 위한 것이란 의심이 있다. '재벌과 대기업을 위한 규제개혁'은 흔하면서도 대표적인 예 중 하나다. 2004년 정부는 매출액 8천억 이상의 대기업에는 80억 원 이상, 매출액 8천억원 미만의 대기업은 40억 원 이상의 공공 소프트웨어 사업에만 참여할 수 있도록 하는 규제를 도입했다. 2013년에는 상호 출자제한 기업집단, 즉 재벌 대기업이 공공 소프트웨어 사업 분야에 진출하는 것을 전면 금지했다. 2015년 이후부터는 신기술 적용 공공 소프트웨어 사업에 한해 사전 심의후 50%까지만 참여할 수 있도록 조정했다. 짐작하겠지만 중소기업 등 시장 지배력이 약한 기업들에 공공시장에 대한 접근 기회를 높여 보호하기 위해

서였다. 여기에는 대기업이야 다른 분야에서도 사업 기회가 많으니 굳이 공공 소프트웨어 분야에까지 진출하는 것은 상도의에 어긋난다는 해석을 붙일 수도 있을 것이다.

　2018년 당시 공공 소프트웨어는 전체 3조 2,500억 원 정도, 내부거래를 제외하면 전체 소프트웨어 시장의 40%를 차지하는 큰 시장이 됐다. 문제는 이들 시장에 진입한 기업이 수익성이 악화되고 유찰이 증가했다는 것이다. 대기업의 참여를 제한하니 중소기업 간의 경쟁이 과열되어 중소기업의 수가 오히려 감소하고, 중소기업보다는 그보다 규모가 큰 중견기업이 공공 소프트웨어 사업의 강자가 되는 현상을 초래했기 때문이다. 기존에는 대기업과의 컨소시엄을 통해 사업에 참여하던 중소기업들이 아예 사업 참여 자체가 힘들어진 것이다. 2012년 중소기업 규모의 소프트웨어 기업은 62개였던데 비해, 2015년이 되자 12개로 줄었다. 더욱 흥미로운 점은 대기업 참여를 제한해 이 시장의 새로운 강자가 된 중견기업도 어려워진 것이다. 2016년 전체 IT 업계의 평균 영업이익률은 6.4%였는데 비해, 공공 소프트웨어에 참여한 대보정보통신, 대우정보시스템, 농심NDS, LIG시스템이 0.2~0.6%, 아이티센, 쌍용정보통신, KCC정보통신은 아예 적자를 기록했다. 이런 낮은 수익률이 정부가 발주한 공공 소프트웨어 사업의 유찰을 잦게 만들고 있는 것이다. 신규 사업에 대한 투자 여력이 대기업에 비해 낮고, 사업을 통한 수익 창출 아이디어와 그 구현을 위한 전략에서도 대기업이 중견기업보다는 나을 것이기에 나타난 현상이다.

　그렇다면, 2021년 지금 공공 소프트웨어 사업에 대한 대기업 규제를 없애자고 하면, 이것이 대기업과 재벌을 위한 것일까? 재벌과 대기업엔 제한

됐던 시장을 가능하게 해 주면, 기존의 중견기업이 주로 차지하던 공공 소프트웨어 시장을 대기업이 차지할 수도 있다는 해석이라면 그렇다고 해야 할 것이다. 그러나 대기업이 이 시장에 진출해 수익률이 높아져 더 나은 부가가치를 만들어 낸다면, 이런 높은 부가가치는 고용의 창출을 유발할 것이고, 좋은 품질의 소프트웨어를 개발해 해외 수출까지 이어지면 그 가치는 더욱 커질 것이다. 대기업과 재벌 스스로 모든 사업을 추진할 수 없는 경우도 많기에 중소기업과의 컨소시엄이 많아질 수도 있다. 대기업이 공공 소프트웨어 사업을 계약한 후, 특정한 기술 경쟁력을 갖춘 중소기업에 부분적인 사업 참여를 의뢰하는 기회가 많아질 수도 있다. 무엇보다 신기술 분야와 같이 실패가능성이 높은 분야에의 투자 여력이 높은 대기업이 더 나은 성과를 도출할 가능성도 배제할 수 없다.

  시장은 원래 재벌과 같은 대기업의 것도 아니고, 중소기업이나 중견기업의 것도 아니다. 누구나 참여가 가능하고, 공정한 경쟁을 통해 각자의 업역을 구축해, 소비자의 신뢰를 얻기 위한 끊임없는 노력을 통해 이윤을 확보하는 곳이 시장이다. 이런 의미에서 보면 공공 소프트웨어 시장 역시, 원칙적으로는 누구의 것도 아닌 모든 기업이 진입하고, 경쟁하고, 퇴출될 수 있는 공간이어야 한다. 이런 공간에서는 경쟁만 이뤄지는 것이 아니고, 전략적 협력도 발생한다. 그 가운데서 기업들은 상생의 발전을 모색하게 되는 것이다. 그래서 대기업이나 재벌, 혹은 특정한 경제행위자들이 시장에 참여하는 것을 제외하는 규제를 개선하자는 정부의 규제관리를 재벌과 대기업에 특혜를 부여하는 것으로 해석해서는 곤란하다. 원래 그 시장에 재벌과 대기업도 당연히 참여할 수 있었던 것을 정부가 굳이 진입 제한을 해 놓았던 것이고, 이런 규제를 개선하는 것은 원래의 정상 상태로 다시 돌아가는 것이기 때문이다.

사실 원래 규제의 개선은 누구를 위한 것이 아니다. 물론 규제의 변화가 초래하는 사회의 이익 배분 지형의 변화로 인해 누군가는 규제 변화로 이익을 보고, 누군가는 손해를 볼 수 있다. 그러나 이런 이익과 손해의 변화로 규제 개선의 합리성을 따져서는 곤란하다. 규제로 인해 가능했던 이익, 규제가 보장해 줬던 이익은 사회가 동의한 것이든 아니든, 지대(地代, rent)에 불과한 것이기 때문이다. 지대는 규제로 인한 불로소득을 말하는 것으로, 개인들이 창의적으로 노력해서 소비자나 전문가로부터 더 많은 지지를 받아 가능해진 부(富)가 아니다. 규제로 특정한 기업만 시장 참여가 가능하다면, 그 기업은 자신의 노력과 무관하게 안정적인 이익, 즉 지대를 보장받는다. 이런 규제가 만들어 내는 지대의 의미를 이해한다면, 규제 개선은 특정한 집단을 위한 것이 아니라 지대, 즉 규제로 인해 업역을 보장받은 결과, 시장에서 피튀기게 경쟁하는 경제주체보다 상대적으로 안정적인 사업을 영위해 온 불합리한 상태를 해소하려는 것임을 알 수 있게 된다. 이런 의미에서 공공 소프트웨어 시장의 재벌과 대기업 진입 제한의 해소는 이들 기업에 특혜를 주기 위한 것이 아니라, 공공 소프트웨어 시장에 불합리하게 구축된 지대를 없애는 조치로 이해해야 할 것이다.

■ 효과가 없는 게 아니다

"또 규제개혁이야?", "이걸 언제까지 해야지?" 규제개혁을 두고 관료들이 즐겨 하는 말이다. 실제로, 정부가 바뀌어도 규제개혁은 늘 중요한 국정과제였다. 관료는 늘 규제개혁을 요구받았다. 규제 개선 과제를 발굴해야 하고, 매년 규제관리를 얼마나 잘 했는지 평가받는다. 중앙정부, 청와대는 예산과 행정지도를 통해 각 부처와 지자체에 규제개혁을 독려한다. 1998년 규제개혁위원회 출범 등 우리나라 규제개혁 체계가 공식화된 이래, 정부 내 규제개혁은 작든 크든 지속돼 왔다. 그에 따라 관료의 규제개혁 피로감도 크다.

그런데 규제관리는 힘만 드는 아무 성과도 없는 쓸데없는 일이 아니다. 오히려 규제를 제대로 관리하는 데 성공한 국가는 경쟁 국가에 비해 더 좋은 성과를 만들어 냈다. 세계에서 유일하게 원조받던 국가에서 원조하는 국가로 변신한 우리나라는 2019년 세계경제포럼(Davos Forum) 국가경쟁력 평가에서 정보통신기술 보급률 1위, 보건 8위, 혁신역량 6위의 최상위권에 올랐다. 인구 5,000만 명이 넘는 국가로 일인당 30,000달러가 넘는 7개밖에 안 되는 국가 중의 하나가 대한민국이기도 하다. 우리나라의 이런 높은 경쟁력은 분명 정부가 그동안 해온 꾸준한 규제개혁도 큰 역할을 했다. 대런 애쓰모글루(Daron Acemoglu)는 『국가는 왜 실패하는가』라는 책에서 불합리한 규제를 개선하지 못해, 포용성이란 공동체 발전의 토대를 구축하지 못한 국가는 쇠퇴했고 실패했다는 것을 세계 여러 국가의 경험을 통해 보여주기도 했다.

사실 규제개혁을 두고 관료가 피로감을 느끼는 다른 이유는 정부 내 규제개혁 프로세스 때문이다. 정부에서 규제개혁이 이뤄지는 과정을 보면, 청와대 등 국정의 최고 의사결정 수준에서 추진되는 경우가 많다. 규제개혁위원회나 기획재정부 등 정부 내 기구가 컨트롤 타워가 돼, 각 부처와 지방자치단체에 규제개혁을 요구하고, 그 실적을 제출할 것을 요구하게 된다. 매월, 매 분기 그 실적을 요구하며 경우에 따라서는 규제개혁위원회 사무국 격인 규제조정실의 주요 공직자가 지방자치단체나 각 부처와 직접 대응하며 강력한 규제개혁을 주문하기도 한다. 이런 과정에서 관료들은 규제개혁에 대한 상당한 부담을 가지며, 실적 도출을 위해서라도 개선 과제의 발굴, 규제개혁 방법론 개발 등에 몰두하게 된다.

이런 과정에서 관료들은 다양한 규제 개선 과제를 발굴해서 개선을 위해 부처 간 조정을 시도하게 되는데, 문제는 이 과정에서 모든 규제가 고쳐지지 않는다는 데 있다. 불합리한 규제라 생각하고 시도했는데, 다른 중요한 의미가 있는 규제라서 개선할 수 없는 경우가 있다. 입제제한 규제가 말도 안 된다고 생각했지만 국방상의 중요한 지역일 수도 있고, 포장마차의 번거로움에 공감해 시도한 규제개혁이지만 세법이나 식품위생법상의 안전이나 소득에 대한 세금 징수 원칙을 따라 이뤄진 규제일 수도 있다. 이런 경우, 미시적으로는 아무리 불합리해도 국가와 사회 전체의 측면에서 볼 때 당연히 존속해야 한다는 정당성이 받아들여진다.

반면 누가 봐도 불합리성이 높은 규제인데, 각 부처나 이해관계 집단의 강력한 반발로 규제 개선에 실패하는 경우도 있다. 한의사에 대해 X선 촬영을 금지하는 규제가 한의사의 의료권을 제약하는 것은 물론이고 다리를 뻔 환자가 영상의학과를 방문하고, 다시 한의원을 방문해야 하는 등 번거로움을 준다는 모순에 대해서는 무수한 문제 제기가 있었으나 의사의 강력한 반발로 개선되지 못하고 있다. 변호사나 변리사의 단일사무소 개업도 마찬가지다. 사업을 하면서 여러 지역에 사무소를 개설해 좀 더 다양하고 많은 사건을 수임하고 싶어도 현재의 규제에서는 불가능하다. 협상 대상 부서의 미온적 태도도 있다. 산학협력법상 대학 산하의 기술지주회사는 자회사에 대해 지분 20% 이상을 무조건 보유해야 한다. 그렇지 않으면 5년 안에 지분을 모두 정리해야 한다. 대학 산학협력단에 요구하는 이 규제는 기술지주회사 취지에 맞게 대학에서 자회사에 대한 충분한 투자를 해서 자회사가 안정적인 기술 개발을 할 수 있게 해 줘야 한다는 것이다.

2019년 2,300억 원이란 대박을 치며 매각된 인공지능 스타트업 수아랩(SuALAB)은 서울대에서 기술지주회사 자회사로 시작한 회사다. 서울대는 1억 원을 투자, 14.9%의 지분을 가졌었지만 산학협력법으로 지분을 전액 정리할 수밖에 없었고, 그 결과 서울대는 이런 잭팟에 편승할 기회를 날렸다. 사실 5년, 20% 이하 전량 매각 룰에 대해서는 지속적으로 대학의 투자 부담을 가중시키고, 더구나 투자 기간을 5년으로 한정한 것 역시 기술 개발의 연속성에 문제가 있다는 점은 이전에도 많은 지적이 있어 왔다. 그럼에도 개선이 안 된 것은, 수아랩과 같은 전형적인 사례도 없었거니와 이 규제로 대학의 기업에 대한 안정적 지원이 가능할 것이고, 다소 현장에 문제가 있겠지만 20% 룰 정도는 수용 가능할 것이라는 교육부의 미온적인 판단에도 원인이 있었다고 봐야 할 것이다.

이런 모든 규제 협의의 과정, 특히 그 과정에서 맛보는 관료의 실패 경험은 모두 규제개혁의 피로감을 가중시키는 것들이다. 불합리한 규제다 싶어 한두 번 부처와의 협의를 해 보다가 좌절하고 나면, 다른 할 것도 많은데 이런 골치 아픈 것을 왜 하나, 어차피 해도 안 되고 시간 낭비일 거라는 선입견이 만들어지기도 한다. 실제로 각 지방자치단체에서는 행정안전부, 국무조정실, 중소벤처기업부 등에서 규제개혁 과제 발굴을 요청받아 몇 날 며칠을 고심하고 수소문해 올려 보냈더니 어떻게 되고 있는지 알려주지도 않고, 개선되는 것도 부지하세월(不知何歲月)이라는 불평이 많다. 규제 개선은 해도 안 되고, 힘만 드는 것일 뿐이란 풍토를 만드는 원인들이다.

그런데 이런 규제개혁의 지난한 과정, 그리고 실패의 경험은 힘만 드는 쓸데없는 일이 아니다. 불합리한 규제를 개선하면 사회수준이 높아진다는 것은 어쩌면 상식적인 것이기 때문이다. 정부가 행정 절차를 획기적으로 개선해 과거 한 달이나 걸리던 허가 기간을 일주일로 단축했다면 집을 짓거나, 공장을 짓거나, 면허를 받거나 관련된 사람들 모두는 혜택을 본 것이다. 옛날에는 기차 탈 때마다 했던 차표 검사를 하지 않기로 하니, 모든 승객이 그만큼 편리해졌다. 내 돈으로 땅을 사고파는 것에도 국가의 허가를 받게 했던 토지거래 허가제가 위헌이 되자, 더 많은 사람이 토지 거래를 자유롭게 할 수 있게 됐다. 커피숍은 커피, 꽃집은 꽃만 팔아야 한다는 이상한 규제를 개선하니. 주변에 꽃의 은은한 향기를 맡으면서 커피를 마시고 나오며 여자 친구에게는 꽃 하나 선물할 수 있는 플라워숍이 생겨났다. 이 모두가 그동안 정부의 꾸준한 규제개혁이 가져다준 변화다.

■ '착한 규제'는 없다

"착한 규제는 필요하니 만들고 나쁜 규제는 없애야 한다." 언제부턴가 정부에서 관료들이 이런 말을 하더니, 언론에서도 이 말을 심심찮게 쓴다. 그런데 착한 규제와 나쁜 규제의 프레임은 잘못된 것이다. 규제 관련 전문서적 어디에도 착한 규제와 나쁜 규제라는 말은 없다. 이론적 근거가 없다는 것은 저널리즘의 한 표현일 수 있어서 정부가 공식화된 용어로 써서는 안된다. 사회에 혼란을 야기하고 정부 스스로도 규제관리에서 자기 역할이 무엇인지 헷갈릴 수 있기 때문이다. 착한 규제와 나쁜 규제 프레임은 착하다는 이유로 도입되는 수많은 말도 안 되는 규제를 정당화시켜주는 것으로 위험하기도 하다.

규제전문가는 착한 규제, 나쁜 규제 대신 합리적 규제와 비합리적 규제로 구분한다. 이런 구분은 규제를 필요성과 당위가 아니라 효과 측면에서 따진다. 규제를 도입하면 원래 해결하려 했던 문제가 치유되는지, 다른 부작용은 없는지가 핵심이다. 문제 해결에 성공한 규제라도 사회 전체에 미치는 부담이 너무 크면 타당성이 떨어진다. 전투에선 이기고 전쟁에서는 지는 전략을 정부가 써서는 곤란하기 때문이다. 정부의 정책 대상은 규제로 특정된 문제와 관련된 사람만이 아니라 사회, 국가라는 전체 공동체이기 때문이다. "너무 힘들다는데 그런 불편도 못 참아 주나"라는 아쉬운 말은 개인 간에는 가능할지 모르지만, 국가가 국민에 대고 할 말은 아니다. 국민의 동의가 없는 규제부과는 정부 권한의 남용이 될 가능성도 높다.

「이동통신단말장치유통구조개선에관한법률」, 단통법이 대표적이다.

2014년 10월 시행된 이후 이동통신사 간 보조금 지급 경쟁으로 마케팅 비용이 천문학적으로 들어가는 반면, 복잡한 이동통신사 보조금과 가격 체계의 변화를 잘 아는 사람은 휴대폰을 거의 공짜로 사고, 노년층이나 중장년층, 혹은 그 외 이런 정보를 잘 모르는 사람들은 비싸게 휴대폰을 사는 현상을 고객 차별로 규정하고 이를 바로잡기 위해 도입됐다. 시장에서의 휴대폰 가격을 단순화해서 소비자가 이해하기 쉽게 해서 어떤 소비자든 적정 가격으로 휴대폰을 구입할 수 있게 유도한 것이다.

그런데 이런 착한 의도를 가지고 도입된 단통법은 국민을 호갱으로 만든 규제, 천문학적 마케팅 비용을 아껴 휴대폰 회사 배만 불려준 규제, 휴대폰 판매업자의 허리띠를 옭아맨 규제 등 시장 교란으로 인한 수많은 문제점을 남기며 2017년이 돼서야 부칙상의 일몰 규정에 의해 폐지됐다. 착한 의도로 도입된 규제가 왜 이런 운명을 맞게 됐을까. 사실 단통법은 도입 단계에서부터 그 무리한 조치에 대한 우려가 많았다. 경쟁에 기반해 작동하는 시장 메커니즘의 무서움을 모르고 정부가 이를 교정할 수 있다는 오만을 가지고 달려들었다가 깨졌다는 평가를 받는 것도 이 때문이다.

이 규제의 가장 큰 문제점은 전 국민의 휴대폰 부담을 줄인다며 강제로 정해진 구간 내에서만 휴대폰을 사도록 정했다는 데 있다. 통신사의 보조금 마케팅을 제한하기 위해 30만 원의 보조금 상한제를 도입하고 나니, 휴대폰을 싸게 살 수 있었던 소비자들도 이제는 비싸게 휴대폰을 살 수밖에 없게 됐다. 예전에는 싸게도, 비싸게도 휴대폰을 사던 소비자들이 이제는 모두가 비싼 가격으로 휴대폰을 사게 된 것이다. 이렇게 되니, 통신사는 보조금을 쓰지 않고도 고객 모집이 가능해지는 구조에서 영업을 하게 돼 결과적으로 보조금 비용이 획기적으로 줄어들었다. 실제로 단통법 이전 만성적 적자에 시달리던 KT는 단숨에 흑자로 돌아섰다. 휴대폰 가격이 비싸지니 소비자들은 과거에 비해 휴대폰 교체 주기가 늘어나게 됐고, 그 결과 휴대폰 제조회사, 특히 팬텍이 파산한 것처럼 상대적으로 규모가 작은 기업은 매우 힘들어졌다. 휴대폰 제조가 줄어드니 부품업체도 어려워졌고, 동네 골목마다 있던 휴대폰 판매대리점도 어려워지긴 마찬가지였다.

이런 마당에 순진한 정부는 통신사들의 마케팅 부담이 줄어들면 연구개발 투자가 늘어날 것이고, 새로운 시장 재편이 일어나 통신사들이 과거 지급하던 휴대폰 보조금만큼의 통신비를 내려 결국은 소비자가 이익을 볼 것이라고 기대했다. 그러나 단통법에서 이런 일은 일어나지 않았다. 출혈 경쟁, 적자 경영을 해 가면서까지 막대한 보조금을 풀었던 통신사가 이런 어려움을 감수할 필요 없이도 영업이 가능해진 마당에 자율적으로 얼마나 가격을 인하할 유인이 있을까. 그렇다고 이런 통신사의 행태에 정부가 또 어떤 규제로 개입할 수 있을까. 통신사에 대고 이제 통신비를 상한제 도입으로 규제할 수는 없는 노릇이었다.

단통법 제1조는 이동통신 단말장치의 공정하고 투명한 유통 질서를 확립해, 이동통신산업의 건전한 발전과 이용자의 권익을 보호함으로써 공공복리의 증진에 이바지한다는 그 의도만 보면 참으로 착하다. 그래선지 2014년 5월 2일, 298명의 국회의원 중 찬성 213명, 기권 2명, 불참 51명, 청가(請暇) 11명, 결석 21명으로 통과됐다. 방송법 개정 등 정쟁으로 인한 국회 공전을 뚫으려 합의한 결과, 방송법과 단통법을 포함한 당시 소위 민생법안을 맞바꾸기로 여당과 야당이 통째 거래했기 때문이다. 이때까지도 다수의 국회의원들이 단통법의 착한 의도가 실현될 것이라 공언했었다.

결국 착한 규제라는 명분으로 도입되는 규제가 합리적일 수 있기 위해서는 착하다는 의도만으로 충분하지 않다. 규제의 내용이 문제 해결에 타당하고, 결과적으로 문제 해결에도 성공적이어야 한다. 착하기만 하고, 문제를 사방에 불러일으키는 규제는 넉넉하고 인자한 얼굴에 마음만 좋아 온통 주위 사람을 피곤하게 만드는 사람을 친구로 둔 것과 같다.

3
규제개혁엔
유능한 관료가 필요하다

■ 관료는 규제개혁의 핵심 주체다

　규제개혁을 민간전문가, 정치인이 할 수 있다는 견해가 있다. 그런데 그만큼이나 중요한 게 유능한 관료다. 중요한 규제 입법의 추진, 규제 불합리성에 대한 문제 제기야 민간전문가나 정치적 영향력이 높은 정치인에 의해 이뤄질 수도 있을 것이다. 그러나 규제라는 정부 과제를 일상적으로 관리하고, 틀과 절차, 그리고 방법론을 개발해 그 불편함을 세심하게 검토하는 것은 관료의 역할이다. 심지어 흔히 어떤 규제개혁안이 있을 때, 민간위원들을 구성해 해결한다고 하지만, 하고 많은 전문가 중에서 누구를 위원으로 위촉할지를 정하는 데에는 관료의 영향이 압도적이다. 이렇게 관료가 규제개혁에서 가지는 역할은 상당하다.

그래서 정부 내 규제개혁에 전문성이 높고, 규제개혁에 친화적인 관료 계층이 형성되는 것은 규제개혁의 성패를 결정지을 정도로 중요한 사안이다. 사실 정부 내에는 규제개혁 친화적 관료에 비해 규제에 친화적인 관료가 형성되기 쉬운 구조다. 다양한 사회 문제에 대한 해결 요구를 받고, 이를 위해 규제라는 정책 수단을 고려하는 것이 관료들이 일하는 본질적인 방식이기 때문이다. 따라서 규제개혁 친화적인 관료가 만들어지기 위해서는 별도의 고려가 필요하다.

이렇게 양성된 규제개혁 친화적인 관료계층은 우리나라 규제개혁의 역량을 제고하는 데 결정적인 역할을 수행할 것이다. 공정거래위원회가 하나의 예다. 시장거래의 문제를 공정거래의 관점에서 접근하는 이 위원회에서 관료들은 자연스럽게 다른 부처의 관료에 비해 시장의 메커니즘에 대해 좀 더 전문적 식견을 가지도록 성장한다. 그리고 그래야만 우리나라 정부에서도 규제개혁에 대한 우리만의 암묵적 지식(implicit knowledge)을 쌓을 수 있다. 암묵적 지식이란 책이나 매뉴얼에는 쓰여 있지 않은 체화된 경험으로부터 나오는 지식을 의미한다. 장인(匠人)의 내공이 그 예다. 공부 잘하는 학생이 각자 저마다의 공부 방법이 있듯이, 선진국도 각자 자신만의 규제관리의 성능 좋은 방법이 있다. 언제까지 선진국 제도만을 배워 오려 해서는 규제개혁 선진국도, 그냥 선진국도 될 수 없다. 그리고 그러려면 전문적인 규제관리의 경험과 이론을 체화해 무장하고 있는 유능한 관료가 절실하게 필요하다.

■ 관료의 책임 회피, 이유 있다

관료를 두고, 소극적이고 책임 회피에 급급하다는 비난이 끊이지 않는다. 사회 문제 해결에 선제적으로 나서지 않으려 하며, 문제가 발생해도 근본적인 처방보다는 대증적이고 임시적인 조치로 넘어가려 한다는 것이다. 골치 아픈 문제가 발생하는 것을 사전에 방지하기 위해 아무것도 하지 못하도록 꽁꽁 묶어두기도 한다. 사실 우리는 어떤 문제가 발생한 연후에야 공무원의 태업(怠業)을 알아차리는 경우가 많다. 규제 개선에도 이런 공무원의 성격이 나타난다.

2018년 가을, 병역특례 예술체육 요원들의 봉사활동 비리가 드러났다. 2016년부터 실시된 이 제도는 예술체육 요원으로 선발된 자는 입대하지 않고 봉사활동을 하는 것으로 병역 이행을 갈음하는 제도다. 그런데 2018년 국회 국방위원회 병역특례제도개선소위원회(병특소위) 조사에 따르면, 대상자 85명 중 무려 61명이 봉사활동 증빙서류 제출에 문제가 있는 것으로 드러났다. 이 순간 바로 드는 생각은 공무원은 도대체 무엇을 하고 있었을까 라는 질문이다. 병역특례 예술체육 요원의 봉사를 찬찬히 살피고 이들이 정상적으로 대체 의무를 수행하는지를 관리 감독하는 것이 정부, 공무원의 역할이기 때문이다.

사실 엄밀히 보면 이들의 잘못은 없다. 문체부 훈령(예술체육 요원 복무규정)에 따르면, 봉사활동에 따른 사진 등 증빙자료의 제출이 없고, 서류 제출로 가능하기 때문이다. 따라서 담당 공무원은 예술체육 요원이 제출한 서류를 검토하는 것만으로 이들이 한 봉사활동의 적정성을 판단해 온 것이다. 서류와 실제 활동이 다를 가능성도 있지만, 서류 검토를 넘어 실제 활동이 제대로 됐는지까지 확인하기 위해 85명의 병역특례 요원이 수행한 봉사활동 하나하나에 현장 출장을 다니고, 규정에도 없는 증빙을 요구할 정도로 철두철미한 관료를 기대하긴 어렵고, 이런 식으로 일하지 않는 관료를 비난하기도 사실은 힘들다.

이런 정부와 관료를 두고 이상하다 생각할 수도 있겠지만 우리가 그 자리에 있다고 해도 별로 다르지 않았을지도 모른다. 문제 해결에 나섰다가 실패하기라도 하면 책임을 져야 하는 낭패를 당할 수도 있기 때문이다. 이런 책임에 대한 부담을 지고, 단순히 문제가 있다고 누군가가 그것을 문제 삼지도 않았는데 팔을 걷어붙이고 나서긴 쉽지 않다. 사실 우리 주변의 공무원은 일반 국민과 다른 별종이 아니다. 자기가 해야 할 업무의 양과 부담이 지나치지 않은지 따지고, 다른 동료보다 더 많은 일을 하는 건지도 따진다. 굳이 법률과 규칙으로 정해 놓은 것도 아닌데, 재량껏 일한답시고 먼저 나서서 여기저기 현장을 다니며 점검하고 제도적 결함을 수정해 내는 관료를 기대만큼 흔히 볼 수 없는 것도 사실이다.

여기에 정부는 당면한 모든 일을 한꺼번에 해결할 만큼 무한한 인력과 자원을 가진 것도 아니다. 예산의 제약도 있고, 인력의 제약도 있다. 고쳐야 할 규제임에도 시급성과 개선 수요, 중요도와 개선 가능성을 따져 우선순위를 매겨 진행할 수밖에 없다. 어떤 규제든 가치와 이해관계의 상충이 발생한다. 국민을 위하고 사회 문제를 해결하기 위한 규제라고 하지만 어떤 국민에게는 이익이 되고 어떤 국민에게는 손해가 되는 것이 많다. 그래서 규제의 필요성을 지지하는 집단과, 규제의 개선을 지지하는 집단은 첨예한 갈

등을 보이는 경우가 많다.

　대기업집단 상호출자 제한 규제를 보자. 우리나라는 10조 원이 넘는 자산을 가진 기업집단에 대해서 상호출자 제한을 하고 있다. 소위 재벌이라 불리는 기업집단 내 독립된 법인기업들 간에 서로 자본을 교환 출자해 주는 방식을 허용하지 않고 있는 것이다. 공정거래법의 이 규제를 두고 견해의 차이가 극명하다. 하나는 기업이 규모의 경제를 실현하거나 경영권을 유지하는 것은 당연한 것이며, 기업집단을 이루고 있는 해외의 여러 기업 역시 지분 구조가 매우 복잡하게 이뤄져 있으며, 오히려 경영의 자율성을 보장해야 시장경제에서 경쟁력을 가질 수가 있다는 의견이다. 또 다른 의견은 상호출자는 재벌로 대표되는 기업집단이 창업주의 가족 등 특정인의 경영권 유지를 위해 선택한 전략적 행동이어서 이렇게 승계된 기업경영권은 오히려 좀 더 능력 있는 전문경영인에 의한 기업 경영을 어렵게 만들어 수익성을 악화시킬 수도 있다는 것이다. 여기에 특정 기업집단이 시장생태계의 상당 부분을 독식하면 이들 기업 간의 내부거래 등을 통해 시장경제 활력의 핵심인 동태성이 약화된다는 의견이 더해지지도 한다.

　그렇다면 이런 복잡한 이해관계와 논쟁이 있는 규제에 뛰어들어 이것을 바로잡겠다고 할 관료가 얼마나 있을까? 민감한 이슈에 손을 댔다 잘못되거나 사회적으로 논란이라도 되면 피곤함이 이만저만이 아니다. 각종 감사에 시달릴 수도 있고 언론의 보도에도 대응해야 한다.

　또한 아무리 작은 규제 개선에도 수십 차례의 이해당사자 협의 및 설득과 부처 협의가 필요하다. 그런데 정부가 가진 자원 제약을 고려하면, 불합리한 규제 중 고쳐지는 것보다 방치되는 것이 훨씬 많을 가능성이 높다. 정부가 사회문제를 바로잡겠다고 벌여 놓은 규제 중 불합리한 것이 도처에 있지만, 이것이 화끈하게 고쳐지지 않는 것도 이런 이유가 크다. 1장에서 설명했듯이 장기 미집행 도시계획시설이 수십 년 동안 고쳐지지 않고 방치된 것도 이런 이유 때문이다.

이런 관료의 책임회피로 인한 규제관리의 지체현상을 바로잡기 위해서는 정부 내에 규제개혁이 미션인 기구를 만들어야 한다. 공무원으로 입직해서 규제개혁 부처에서 업무를 하고 규제개혁의 성과에 따라 승진하고 보상받는 구조를 만들어야 한다. 이렇게 되면, 규제개혁을 성과지표로 삼아 고질적 규제 개선에 나서고 불합리한 규제의 도입에도 적극적으로 대응하는 관료가 등장할 수 있다. 그만큼 규제의 품질은 높아지고 사회의 수준도 같이 높아진다. 그 결과 불합리한 규제로 힘든 기업과 국민도 줄어들 것이다.

■ 일선관료의 행태 변화가 시급하다

얼마 전까지 지방자치단체에 강의를 가면, 여러 가지 서류를 요청받았다. 강의안은 물론이고, 이력서나 통장 사본이 한 세트였다. 이상한 게, 지방자치단체마다 요구하는 서류가 달랐다는 것이다. 강의안이야 당연한 것이지만, 가장 간소한 곳은 그 외 아무런 서류 요청이 없었다. 특강 후 준비된 서류에 서명을 하는 것으로 끝이었다. 가장 심한 곳은 이 모든 서류에 더해 도장을 꼭 챙겨 오란 것이었다. 그게 왜 필요하냐고, 서명으로 안 되냐고 물어보면 꼭 필요하다는 답과 함께, 안 가져가면 본인이 목도장을 파서 찍어야 한다는 말도 들었었다. 다른 자치단체에서는 안 그런다고 하면, "강사님이 행정을 몰라서 그래요"라는 답을 듣기도 했다.

행정은 원래 서류가 필요하다는 이 말은 부정하지 않겠지만, 이런 많은 서류를 요청하는 것을 당연하다고 여기는 것은 다른 지방자치단체나 다른 부서에서 일하는 방식을 배우지 않았기 때문이라고 생각한다. 자방자치단체마다, 부서마다 다 같은 행정, 규제를 하는 것 같지만, 업무하는 방식이 다르고, 같은 사안을 두고 규제 기준도 다르다. 비슷한 업무를 수행하는 담당자끼리의 워크숍이 필요한 것은 이 때문이다. 이후 강의를 의뢰받는 모든 지방자치단체에 이 사례를 얘기한 때문인지, 요즘은 지방자치단체에서 이런 과도한 요구를 받는 경우가 없다.

규제개혁은 기준, 조건, 규칙이라는 제도 개선만으로는 완성될 수 없다. 실제 규제를 적용하는 일선관료의 행태가 규제개혁이 실효성을 가지는 데 필수적이다. 실제로 규제를 지켜야 하는 일반 국민에게는 법령도 중요하지만 일선관료의 규제에 대한 해석이 결정적인 영향을 미친다. 그리고 일선관료는 규제 해석에 재량이 상당하다. 위험 기피적인 이들은 최대한 보수적으로 규제 기준을 해석하는 경향이 있다. 규제 기준 간 상충이 발생하거나 이해집단의 반발에 처하는 경우가 많기 때문이다. 특강 행정서류를 과도하게 챙기는 것도, 자금 집행에 대비해 내부감사나 지적을 피하기 위해 과도하고 예민하게 챙기려 하기 때문에 발생한다.

일선관료는 규제를 단순 집행하는 존재가 아니다. 민원인이 하나의 규제 애로를 호소하지만 사실 그런 규제는 다른 규제에 대한 해석을 전제로 하는 경우가 다반사다. 영업 절차에 대한 규제 해소가 입지 규제로, 건축 규제로, 이해당사자 협의 조건으로 번져 가는 것이 일선의 규제 적용에서 벌어지는 흔한 모습이다. 따라서 일선관료는 단순히 규제를 기계적으로 집행하는 자가 아니라, 규제 법규의 내용에 대한 이해가 밝으면서도 규제 적용 상황의 특수성에 대한 판단을 하고, 이런 상황에 대해 컨설팅이 가능해야 한다. 실제로 전국 지방자치단체마다 같은 규제를 적용하고 있지만 집행하는 일선관료가 누구인지에 따라 그 결과는 천차만별로 달라진다.

그래서 공무원 스스로 사후감사를 우려해 과도한 규제 적용을 하는 답답함에서 탈피해, 규제 기준의 합리적 해석을 위해 추가적 노력을 기울이는 것은 공직자로서의 사명감이란 규범적 요구만으로는 불가능한 경우가 많다. 관료조직에서 이를 반기지 않을 수도 있다. 하나의 규제 애로의 적극적 해소는 유사한 규제 애로의 해소 요구로 번지기 시작하고, 이제 이전보다 많은 업무를 감당해야 할 관료조직은 딜레마에 처할 수도 있다.

그렇다면 일선관료의 행태를 어떻게 규제개혁 친화적으로 변화시킬 수 있을지가 규제개혁의 실제 효과를 제고하는 데 핵심임을 알 수 있다. 이를 위해 일선관료에 대한 교육이 필요하다. 그런데 기존의 집합교육의 성과는 크지는 않아서 교육 방식을 바꿀 필요가 있다. 다양한 규제 사례를 놓고 토론을 해 보고, 규제 비용과 편익에 대한 분석 능력도 키워야 한다. 비슷한 업무를 수행하는 같은 부서 공무원끼리의 워크숍을 활성화할 필요도 있다. 이 과정에서 각자 다른 지자체나 부처의 규제개혁 노하우를 학습할 수 있다. 여기에 규제개혁에 성과를 낸 사람들에게는 특별포상 등 인센티브를 줌으로써 조직 내에서 규제개혁에 적극적인 사람들이 칭찬을 받는 문화를 만들 필요도 있다.

4
규제의 품질을 관리하자

■ 규제 말고 다른 수단도 많다

정부가 사회 문제를 해결하는 수단은 규제말고도 많다. 재정이라는 수단을 가지고 있고, 공신력을 갖고 국민들을 설득하는 수단도 갖고 있다. 사람들이 제때제때 의사 결정을 책임지고 할 수 있도록 정보를 정확하게 줄 수도 있다. 이들 다른 수단은 같은 문제라도 규제보다는 부담이나 부작용이 덜할 수 있다. 꽉 막힌 도로를 한 시간이나 걸려 도심을 통과한 경험은 누구나 있을 거다. 한참 만에 나온 양 갈래 길에서 어디로 갈까 고민스럽다. 설상가상으로 차들이 먼저 들어가려다가 엉켜 버렸다. 이 순간 누군가 나와서 어디로 가면 길도 덜 막히고 빨리 갈 수 있다고 알려주면 얼마나 좋을까. 경찰이라도 나와서 차례차례로 차를 한 대씩 이 길 저 길로 보내 주면 좋을 거다.

이런 경우 가장 좋은 방법은 아예 도로를 확장하는 것일 수도 있다. 만성 정체를 해소하는 방법은 도로 공급을 늘려야 해소될 수 있을 테니 말이다. 그런데 이것은 재정을 들여 해결해야 할 일이다. 터널을 뚫거나 다리를 건설했더니 오가는 거리가 몇십 분이나 단축됐다는 신문 기사도 정부 정책 수단으로서의 재정 수단의 능력을 보여주는 것이다. 도로가 막히니 통행을 제한하는 규제를 도입하는 것은 자동차를 이용하는 모든 사람을 일정 수준 불편하게 하면서 도로 정체를 해소하는 방법이지만, 도로를 확장하는 것은 누구도 손해를 보지 않는 정책이다. 다만, 도로 확장을 쉽게 하지 못하는 건, 정부재정이 충분치 않거나 도로의 구조적 사정으로 확장이 불가능하기 때문이다.

정부는 사람들에게 교통 체증이 심하니 자동차 운행을 자제해 줄 것을 설득할 수도 있다. 이런 국민의 감정에 호소하는 방식은 생각보다 효과가 좋다. 설득이라는 방식은 사람들에게 공동체를 위한 선택을 했다는 뿌듯한 자부심을 느끼게 할 수도 있다. 규제가 정부가 시키니 처벌을 받지 않기 위해 마지못해 하는 것이라면 설득은 잘만 사용하면 이보다 훨씬 나은 수단일 수 있다. 사람들은 자신도 생각하지만 공동체와 주변 신경도 같이 쓰면서 살아간다. 따라서 설득이라는 수단도 규제의 한 대안일 수 있다.

이 경우 정보를 제공함으로써 사람들 스스로 의사 결정을 잘 하도록 유도할 수도 있다. 양 갈래 길 위에 잘 보이게, 목적지까지 남은 거리와 각 도로의 차량 대수와 속도를 실시간으로 알려 주는 전광판을 표시하는 것이다. 이렇게 되면, 양 갈래 길에 이른 운전자가 알아서 어디로 갈지를 판단한다.

그리고 이런 판단들로, 양 갈래 도로가 적절한 속도로 유지될 수 있다. 교통방송이나 57분 교통정보를 통해 라디오에서 수시로 도로 사정을 알리는 방송을 하는 건 이 때문이다.

다른 예도 있다. 대형 화재 후, 정부는 다양한 규제 도입을 모색하는 경향이 있다. 정기검사와 같은 점검도 있지만, 건물마다 소화기와 화재경보기를 설치하고, 신축 건물에 방염재를 의무적으로 사용하도록 할 수 있다. 화재관리인을 지정하고, 이들 관리인은 특정한 자격을 갖게 하며, 주기적인 교육을 통해 화재 점검에 대한 지식을 갖추도록 요구할 수도 있다. 그리고 실제로 정부는 이런 규제가 지켜지고 있는지 소방서나 시·군·구청 관료를 통해 점검하기도 한다. 문제는 이런 완벽한 규제 체계에도 불구하고 가끔은 사고가 난다는 점이다. 그중 황당한 것은, 화재가 나서 가 봤더니 규제가 하나도 준수되지 않았다는 것을 발견할 때다. 늘 다른 일로 바쁜 소방서나 시·군·구청에서 꼼꼼히 챙기지 않았고, 가끔은 눈 감아준 적도 있으며, 건물주는 설마 화재가 날까 싶어 그냥저냥 넘어갔기 때문이다. 규제 도입이 만사가 아님을 보여주는 이런 사례는 너무나 많다.

물론 이런 규제도 화재 예방에는 도움을 줄 수 있지만, 사실 화재 예방에 대한 역할은 보험이 크다. 건물주가 보험에 가입하기 위해서는 보험사에서는 매우 꼼꼼하게 약관을 만들고, 보험계약을 위한 조건을 제시하게 된다. 여기에는 화재가 났을 때의 귀책 사유까지 포함돼 있다. 계약상 하기로 돼 있는 사항을 준수하지 않아 화재가 났을 때는 받을 수 있는 보상금이 현저히 줄어들게 만드는 것이다. 그래서 정부가 건축물의 화재 방지를 위해 관련된 모든 기준을 규제로 만들고, 화재관리인까지 두도록 하고, 그것을 직접 점검하는 것보다, 건축물에 대해 보험을 꼭 가입하도록 하는 것만으로도 화재 예방이란 상당한 문제를 해결할 수 있다.

넛지(nudge)도 있다. 대놓고 하는 규제보다는 은근한 개입을 의미한다. 쓰레기 무단 투기는 규제 대상이다. 어기면 과태료를 내야 한다. 그런데 이런 규제에도 쓰레기 투기는 근절되지 않는다. 특히 담배꽁초는 작고, 금방 표시도 안 나게 버릴 수 있어서 길거리 여기저기에 박혀 있다. 규제가 있는데도 작동하지 않는 것이다. 이런 어려움을 넛지를 통해 해결할 수 있다. 영국에서는 호날두와 메시 중 누가 세계 최고의 축구 선수인가라는 재미있는 쓰레기통을 만들어 쓰레기 무단 투기를 효율적으로 감소시킬 수 있었다. 이렇게 넛지를 사용하면 규제를 하지 않고서도 동네가 쾌적해지는 효과를 얻을 수 있는 것이다.

정부가 어떤 사회 문제를 접근할 때, 자신이 가진 여러 정책 수단을 살펴 적재적소에 이를 활용하는 것은 중요하다. 규제를 주로 사용하는 정부와 규제와 다른 정책 수단들을 적절히 잘 활용하는 정부는 직구만 가진 투수와 다양한 변화구를 가진 투수만큼이나 수준 차이가 난다.

■ 법적 근거가 없거나 모호한 규제는 하지 말자

우리나라 헌법은 국민의 자유는 기본적으로 보장되며, 이를 제한할 경우 법률의 근거가 있어야 한다고 밝히고 있다. 이것은 법에 규정하지 않은 내용을 국민들에게 의무로 부과하거나 제한을 가해서는 안 된다는 것을 의미

한다. 법적 근거 없는 규제는 누구도 만들 수도 없다. 모든 규제 법률은 이미 정해진 절차에 따라 도입해야 하기 때문이다.

2018년 여름, 갑작스런 폭염에 에어컨 사용이 급증하자, 전기요금 부담을 호소하는 국민들이 많아졌다. 대통령은 수석보좌관회의에서 냉방은 건강은 물론 생명과 직결된 기본적인 복지이므로, 전기요금 부담을 줄일 것을 지시했다. 6월, 7월의 가정용 전기요금은 한시적 누진제 완화나 저소득층에 대한 요금 할인 확대를 검토해 7월분 전기요금 고지부터는 적용해 주길 바란다는 구체적인 지침을 내렸다. 일반 국민들은 대통령이 이렇게 지시하면 전기요금이 금방 내릴 것으로 기대하지만 그렇지 않다. 전기요금 결정 권한은 대통령에게 있지 않다.

우리나라에서 전기요금 조정은 한국전력공사가 산업통상자원부에 신청하면, 전기요금 및 소비자보호전문위원회에서 심의, 기획재정부와 협의가 이뤄진다. 산업통상자원부 전기위원회는 이들 의견을 바탕으로 전기요금 조정을 인가한다. 한국전력공사는 마지막으로 그 내용을 공고하고 시행한다. 여기 어느 과정에도 대통령은 없다. 더구나 최초 전기요금 조정을 의뢰하는 기관은 공공기관인 한국전력공사다. 한국전력공사는 코스피에 상장돼 있는 회사로 2021년 현재, 외국인 주주의 비중도 25%에 이른다. 따라서 폭염으로 인한 대통령의 지시에도 전기요금은 조정되지 않을 수 있다.

이렇게 규제의 변화는 대통령의 지시가 아니라, 사전에 정해진 적법한 절차에 의해서 이뤄져야 한다. 만약 이런 절차를 거치지 않고 규제의 조정을 자의적으로 하게 되면, 아무리 대통령의 지시라고 하더라도 그것은 월권, 즉 권한 없는 결정이 되는 것이다. 사람들이 흔히 "정부가 왜 못해", "대통

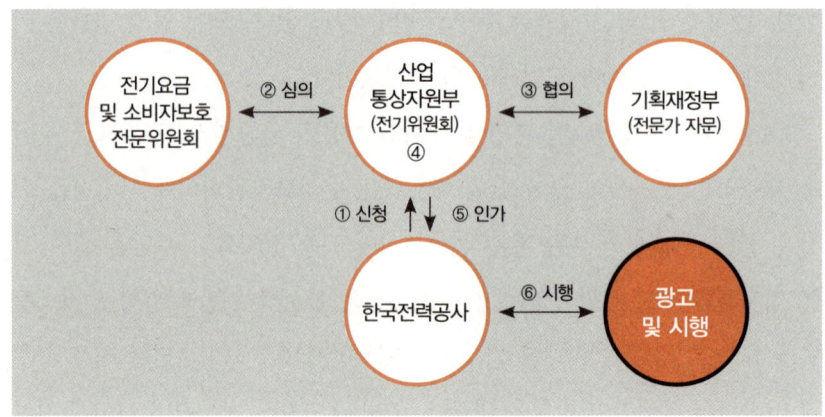

전기요금 결정 절차

령이 왜 못해"라며 청와대 국민청원에 수십만의 동의를 그 근거로 든다면, 대통령 역시 규제와 규칙, 그리고 합법 절차를 존중해야 한다는 것을 혼동한 것이기 때문이다.

같은 이유로 어떤 규제든 상위 법령의 위임 범위를 벗어나서도 안 된다. 국회의 법률은 헌법의 범위 내에서만 가능하고, 국토교통부나 산림청 등 정부 부처의 규칙은 법률에서 인정된 범위 내에서만 가능하다. 공무원의 재량적 규제 해석도 그 범위가 정해져 있다. 따라서 이들 범위를 벗어나는 규제는 그 자체로 행정실패가 되며, 행정소송의 대상이 되기도 한다. 우리나라 규제관리의 근거인 행정규제기본법에는 규제법정주의를 규정해 아예 모든 규제는 상위법에 근거가 있어야 함을 명시하고 있다. 국가가 권력을 통해 국민의 자율성을 제한하기 위해서는 헌법의 가치를 존중하고 국민의 대표기관인 국회의 결정에 근거해야 함은 당연하다.

한편 규제는 그 내용이 모호하지 않아야 한다. 규제 기준이 불분명해 구체적으로 어떤 대상에게, 어떤 상황에서, 어느 정도의 규제를 적용해야 할지에 혼동이 있으면 규제 집행이 그때그때 달라질 가능성이 높다. 모호한 규정은 사실상 집행 과정에서 관료에게 상당한 자의적인 재량을 주기 때문이다. 이런 자의성은 어떤 관료인가에 따라 규제 기준에 대한 해석이 달라지는 결과를 초래하고, 그 결과 그런 규제를 적용받아야 하는 국민들의 삶의 예측가능성과 안정성이 위협을 받게 된다.

규제 기준이 모호하면 동사무소 직원, 시청의 건축 규제 담당자, 공정거래위원회의 대기업 규제담당자와 같이 규제를 집행하는 관료들은 가급적이면 보수적으로 규제를 해석해서 적용할 가능성이 높다. 극단적으로는 거의 모든 행위를 금지시킬 수도 있다. 이들의 위험 기피 성향 때문이다. 관료는 늘 감사를 걱정한다. 그래서 모호한 규제를 놓고 고객인 국민의 입장에서 해석하기보다는, 사후적으로라도 문제가 돼 자기가 겪게 될 수도 있는 곤혹스런 소지를 없애는 방향으로 규제를 해석할 것이기 때문이다. 그래서 모호한 규제는 가장 강한 규제의 다른 말이다.

2009년 규제개혁위원회에서는 방송통신위원회의 방송법 시행령 개정에서 가상광고와 간접광고의 시행 기준을 정하면서, 방송사업자는 가상광고가 시청자의 원활한 시청 흐름에 방해되도록 해서는 안 된다는 규정에 대해 개선할 것을 권고했다. 이유는 '시청자의 원활한 시청 흐름 방해'라는 요건이 모호하고 불분명해서 규제의 일관성과 자의성의 문제가 발생할 소지가 있기 때문이었다. '시청자의 원활한 시청 흐름의 방해'는 언뜻 당연한 듯 보이지만, 사람들마다 전문가들마다 느끼는 수준이 다르다. 어떤 사람은 광고가 재미있다고 느끼지만, 그렇지 않은 사람도 있을 수 있다. 원활한 흐름을 방해한다는 기준을 정하는 것은 사실 불가능한 일이다. 광고 시간을 정할 것인지, 광고 내용으로 정할 것인지, 광고 비중으로 정할지 모두가 불확실하다. 더 문제인 것은 이런 논란 속에 어떤 기준을 정한다고 해도, 그것이 원활한 시청 흐름의 방해를 정하는 객관적인 기준인가는 여전히 불명확할 수밖에 없다.

이렇게 규제를 모호하게 규정하게 되면 관료들은 원활한 시청 흐름 방해라는 규정을 해석하고, 기준에 맞게 적용하는데도 어려움을 겪게 된다. 그리고 관료들은 이 경우 가급적이면 보수적으로 해석할 가능성이 높다. 원활한 시청 흐름 방해를 엄격히 규정하는 것이, 그렇지 않아서 혹시라도 발생할지 모를 불량광고로 골치를 썩이는 것보다 낫기 때문이다. 엄격히 규제하면, 불만은 있을지라도 불량광고로 인한 사회적 물의는 사전 차단할 수 있다. 반면 규제를 느슨하게 해석하게 되면 광고업자나 광고주의 불만은 잦아들 수 있겠지만, 한 번의 불량광고 논란만으로도 규제 해석을 느슨하게 한 책임을 져야 할 수도 있다. 그래서 모호한 규제는 일선현장에서 관료의 엄격한 규제해석을 통해 강력한 규제로 작동할 가능성이 높다.

■ 규제설계, 자유를 더 보장하자

규제가 필요하다는 사실이 모든 규제가 정당하다는 것을 의미하는 것은 아니다. 같은 문제를 해결하면서도 사람들에게 부담이 덜한 규제를 설계할 수 있다면 그렇게 하는 게 맞다. 부작용을 최소화하면서도 문제 해결에 성공하는 규제가 중요한 것은 이 때문이다.

'타다'의 사례에서 봤듯이, 규제는 네거티브 규제와 포지티브 규제가 있다. '~~ 할 수 없다' 혹은 '~~가 아니다'로 끝나는 규제를 네거티브 규제로, '~~ 할 수 있다' 혹은 '~~ 이다'로 끝나는 규제를 포지티브 규제로 부른다. 규제 전문가들은 규제를 만들 때 가급적 네거티브 방식으로 만드는 게 좋다고 한다. 이유는 간단하다. 할 수 없는 것, 아닌 것만 정해 놓고, 그런 행위나 상태에 대해 처벌을 하면, 그 이외의 내용은 자유의 영역이기 때문이다. 반면, 해야 하는 것을 정해 놓고, 그것을 이행하지 않을 때 처벌을 하게 되면, 개인은 정부가 포지티브 방식으로 정해 놓은 '그 어떤 것'만 해야 한다. 그 외의 것을 하는 것은 모두 불법이므로 처벌을 받게 된다.

파견근로자 제도는 파견업체가 자기 소속 근로자를 다른 업체에 파견하고, 파견된 근로자는 사용 업체의 지휘나 명령을 받아 업무를 수행하도록 하는 제도다. 이 제도, 우리나라는 포지티브 규제, 일본은 네거티브 규제이다. 우리나라에서 파견근로는 경비나 청소 등 32개의 업종에 대해서만 가능하도록 규정돼 있는 반면, 일본의 경우에는 항만, 운송, 건설, 의료 분야에 불가능하도록 규정하고 있다. 그 결과 일본은 이들 금지 분야를 제외한 제조업을 포함한 모든 업종에 파견근로가 가능한 반면, 우리나라는 정부에서 정한 32개를 제외하면 파견근로가 불가능하게 된다. 우리나라가 일본보다 파견근로의 제한이 훨씬 크며, 파견근로자에게나 파견근로를 하려는 사업자 모두에게 이에 따른 자유의 범위도 훨씬 좁다는 것을 알 수 있다.

물론 우리나라에서 파견근로자의 범위를 이렇게 좁게 정한 것은 파견근로자가 정규직의 직원에 비해 열악한 근로환경에서 일할 가능성이 높고, 정규직보다 임금을 낮게 책정하는 등 불합리한 차별을 받을 가능성이 높다는 우려에 대비하기 위한 것이다. 실제로 파견된 근로자가 해당 회사의 정규직 직원들에 비해서 낮은 대우를 받고 있는 경우도 있으며, 가끔은 이런 문제가 심각한 노동 분쟁이나 파견근로자의 삶에 악영향을 주기도 한다. 이것이 이 규제처럼 파견근로자에 대한 별도의 규제가 필요한 이유일 것이다.

그런데 이런 파견근로자에 대한 규제의 필요성에 공감한다고 하더라도 정부가 32개의 업종을 딱 정해 놓고 거기에 대해서만 파견근로를 인정하는 논리는 지나치게 자유를 제약하는 것이다. 파견근로에 대한 규제를 하려면 파견근로로 인한 문제점이 많은 분야, 혹은 그런 문제가 유발될 가능성이 높은 분야를 정해 규제하고, 그 밖의 분야는 파견근로가 가능하도록 하는 것이 타당할 것이기 때문이다. 정부가 미리 파견근로가 가능한 업종을 정한다는 것은 정부 스스로 다른 업종은 왜 파견이 안 되는 것인지를 입증해야 한다. 그런데 수시로 새로운 업종이 생겨나고 근로 행태나 수요 역시 무정형으로 변화하는 노동 영역에서 정부가 어떤 한 시점에 여기만 파견근로가 된다고 정해 놓는 것은 불합리할 가능성이 높다.

도로에서 유턴하기 위해 유턴 표지를 찾아다니다가 한참이나 돌아다닌 경험이 한두 번은 있을 것이다. 우리나라는 유턴 가능 표지를 도로표지에서 원칙으로 하지만, 유턴 금지 표지를 원칙으로 하면 어떨까. 여기는 교통이 혼잡하니 유턴을 하지 말라고 정해 놓으면, 이제 다른 곳에서는 유턴이 자유롭다. 유턴 가능에서 유턴 금지로 도로교통의 규칙을 바꾸면, 보행자 횡단보도 신호등이 파란색으로 바뀌어 안전하게 유턴할 수 있을 것 같은데 못하고, 유턴 가능 표지를 찾아다니는 고단함이 확실히 줄어들 것이다. 유턴 가능 표지는 포지티브 규제고, 유턴 금지 표지는 네거티브 규제다.

근로자 파견 대상 업무		
컴퓨터 관련 전문가의 업무	광학 및 전자장비 기술 종사자의 업무	음식 조리 종사자의 업무
행정, 경영 및 재정 전문가의 업무	정규교육 이외 교육 준전문가의 업무	여행 안내 종사자의 업무
특허 전문가의 업무	기타 교육 준전문가의 업무	주유원의 업무
기록 보관원, 사서 및 관련 전문가의 업무	예술, 연예 및 경기 준전문가의 업무	기타 소매업체 판매원의 업무
번역가 및 통역가의 업무	관리 준전문가의 업무	전화통신 판매 종사자의 업무
창작 및 공연예술가의 업무	사무 지원 종사자의 업무	자동차 운전 종사자의 업무
영화, 연극 및 방송 관련 전문가의 업무	도서, 우편 및 관련 사무 종사자의 업무	건물 청소 종사자의 업무
컴퓨터 관련 준전문가의 업무	수금 및 관련 사무 종사자의 업무	수위 및 경비원의 업무
기타 전기공학 기술공의 업무	전화 교환 및 번호 안내 사무 종사자의 업무	주차장 관리원의 업무
통신기술공의 업무	고객 관련 사무 종사자의 업무	배달, 운반 및 검침 관련 종사자의 업무
제도 기술 종사자, 캐드 포함의 업무	개인 보호 및 관련 종사자의 업무	

주: 파견근로자보호 등에 관한 법률 시행령 별표1 요약

■ 차별성을 반영해 유연하게 하자

규제는 획일적인데 규제 상황과 규제 대상은 다양하고 가변적이다. 어떤 규제든 개개의 대상에는 일정한 불합리함이 초래될 가능성이 높다. 앞서 설명한 프로크루스테스의 침대라는 규제의 본질적 성격을 완전히 배제하긴 불가능하다. 개별 상황과 규제 대상의 차이를 모두 고려한 수만 가지의 규제를 만들 수 없을뿐더러 이렇게 복잡한 규제를 만들어 놓으면 실제로는 전혀 작동하지 않을 가능성도 높다. 너무 많고 복잡한 규제를 알기도 힘들고 점검도 불가능하며, 이걸 아는 개인들은 규제를 지키지 않게 될 수도 있다. 그래도 어떤 규제가 합리성을 최대한 확보하려면 대상과 상황의 차별성을 반영하도록 최대한 신경을 써야 한다.

그러려면 규제 대상이 져야하는 규제 부담을 반영한 규제설계가 필요하다. 재벌급의 대기업과 이제 막 사업을 시작한 신생기업에는 같은 수준의 규제를 설계해선 곤란하다. 각각 규제로 인한 부담 수준이 하늘과 땅 차이이기 때문이다. 실제로 산업안전기본법에는 공장의 규모에 따라 산업안전기사 등의 배치 기준을 차별적으로 규정하고 있으며, 여행사의 경우에도 국내 여행사와 국내외 여행사에 대한 자본금 기준을 다르게 규정하고 있다. 수도권 규제 중 자연보호권역에 대해서는 대기업의 입지는 불가능하지만 중소기업의 입지는 제한적으로 가능하다. 이들 모두 규제 대상의 차별성을 반영하지 않고 규제를 적용하게 되면, 중소기업 등에게는 해당 사업 영역에의 진입이 사실상 불가능하거나 대기업에는 아무렇지도 않은 비용 부담이지만, 중소기업에는 기업 경영에 무리를 줄 만큼의 부담을 줄 수도 있기 때문이다.

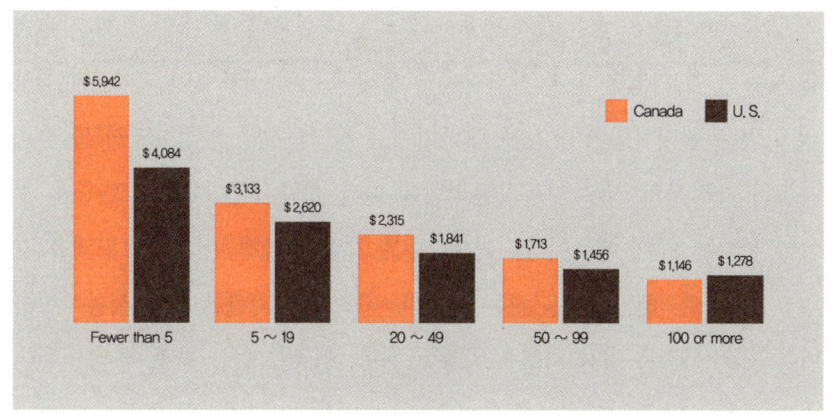

출처 : CFIB, "Canada's Red Tape Report with U.S. Comparisons," 2013.

캐나다와 미국의 종업원 1인당 기업 규모별 규제 비용(2012)

　　규제 준수율의 차이를 반영한 규제설계도 고려할 필요가 있다. 같은 기업이라도 규제를 잘 지켜온 기업에 대해서는 규제 점검 주기의 조정, 투입규제보다는 성과규제 채택이 가능하도록 규제설계 시 고려할 수도 있을 것이다. 10여 년 동안 아무런 규제 위반도 없으며 규제가 우려하는 위험이나 사고가 발생하지 않은 경우에는 규제 점검의 수준을 낮춰 주고, 좀 더 취약한 규제 대상에 행정력을 집중하는 것이 규제의 취지를 고려하더라도 타당할 것이다. 그리고 이런 규제준수 우수기업에 대해서는 인력, 재료 등 세세한 투입 단계에서의 규제보다는 성과 기준으로서의 규제 기준의 충족으로 기업의 노력을 갈음하는 것도 필요하다.

　　지리산 자락 산청에는 에디슨모터스라는 전기버스를 제작하는 회사가 있다. 서울시에 전기버스를 납품하고 있으며, 전국에 150대가 넘는 전기버스와 CNG 버스를 보급한 중소자동차회사다. 핵심 부품에 대한 자체 기술력을 보유한 이 기업은 향후 전기자동차 시대에 성장 잠재력이 크다. 이 회사의 고민은 현대자동차와 같은 대기업에는 자기인증을 인정하면서도, 중소자동차 제작사의 경우 자동차관리법에 따라 성능시험대행사에 인증을 받아야 한다는 규제 때문이다. 자기인증은 기업이 자체 인증 프로그램을 갖추고, 스스로 제품 점검을 하는 것이다. 반면 외부기관에 의한 성능시험을 받는 것은 인증을 위한 시험용 자동차 제공, 인증을 위한 각종 행정 비용이 소요된다. 이 둘의 차이는 인증 비용도 비용이지만, 6개월까지 차이가 나는 인증 기간으로 보조금 수령과 계약 기간 이행, 기술의 적기 도입 등에 대한 어려움을 초래한다. 현재 우리나라에서 자기인증을 위해서는 연간 동일 차종 500대 이상, 총생산 2,500대의 기준에 부합해야 한다.

 문제는 우리나라 자동차 시장을 고려할 때, 이 기준을 충족하는 곳은 완성차를 제조하는 대기업 외에는 없다는 것이다. 반면, 중국 제조업체의 경우, 현대자동차와 같은 초대형 기업은 아니지만 이런 국내 규제 수준을 가볍게 넘을 수 있다. 워낙 인구가 많고 생산량이 많기 때문이다. 그렇다면 어떤 유연함이 필요할까? 회사의 업력, 총 누적 판매 대수, 리콜 경력 유무와 같은 좀 더 실질적인 기준을 자기인증 대상에 포함시킬 필요가 있다. 중소기업이긴 하지만 건실한 기업 운영으로 상당한 업력을 가지고 있으며, 시장에 제품 출시도 안정적으로 하고, 무엇보다 리콜 발생과 같은 안전 문제가 없는 경우에는 자기인증을 인정해 줄 수 있는 것이다. 이런 조치는 중국 제조회사에 비해 역차별을 받는 국내의 중소 사업자에게 시장 접근성을 높여 줄 수도 있다.

규제 상황에 따라 유연한 규제 적용의 가능성을 열어 주는 것도 필요하다. 규제 샌드박스(regulatory sandbox)는 기존 규제에 막혀 새로운 아이디어를 실험조차 하지 못하는 문제를 해소하기 위한 것이다. 영국에서 고안된 이 제도는 아이들이 모래사장에서 자유롭게 모래성을 쌓고 무너뜨리며 놀듯이 참신한 아이디어가 있는 기업에 규제와 무관한 실험을 허용하는 것이다. 예를 들어 개인정보보호법에 막혀, 공장에서 종업원과 생산 라인에 센서를 설치하고 여기에서 모여진 정보를 분석해 최적화된 생산 방법을 고려해 볼 수 없던 것에 특정한 기업을 정해 규제 샌드박스를 적용하게 되면 기술 개발의 가능성을 실험해 볼 수 있다. 4차 산업혁명으로 기존의 규제 틀을 벗어난 새로운 아이디어가 속출하는 상황에서, 전문가들 사이에서 기존 규제의 체계를 유지하면서도 유연성을 가미하는 이런 제도의 적극적인 활용이 필요하다는 주장이 나오는 것도 이 때문이다.

■ 알고 있는 것만 규제하자

"뭐야, 이것도 안 하고." 무심결에 자주 내뱉는 말이다. 그것도 정부한테. 더러운 보도블록, 자영업자의 어려움, 사회 고위층 인사의 일탈, 근로자의 노동 재해, 터무니없는 시급을 받는 아르바이트 학생, 명문대 학생이 압도하는 취업시장을 보며 정부의 태업에 실망하고 분노한다. 그리고 지금이라도 정부가 나서 이런 모든 문제를 교정해 줄 것을 요구한다. 오늘도 정부청사, 청와대, 그 외 공공의 일을 하는 기관 앞이나 길거리엔 이런저런 문제에 대한 불만을 담은 현수막이 가득하다.

사람들이 흔히 갖고 있는 선입견 중 하나는 어떤 문제든 정부는 그 답을 알고 있고, 알고 있을 거라는 것이다. 더하게는 정부는 반드시 알아야 한다고 요구하기도 한다. 그런데 정부가 개인보다 더 많이 잘 알고 있다는 보장은 어디에도 없다. 거꾸로 개인이 봉착한 문제를 가장 잘 아는 것은 정부가 아닌, 바로 그 사람일 가능성이 높다. 우리 동네 문제는 동네 사람들이 구청 직원보다 훨씬 더 잘 안다.

물론 문제에 따라서는 개인보다 정부가 더 많이 알고 있는 것도 있을 수 있다. 한강이 얼마나 깨끗한지, 미세먼지가 얼마나 심한지, 무역 불균형이 어느 정도인지, 북한 핵개발을 두고 미국과 북한, 중국이 어떻게 생각하고 있는지와 같은 문제는 평범한 개인이 잘 알지도 못하고 알 수도 없는 영역인 경우가 많다.

그런데 정부가 처한 곤란한 입장은, 잘 모르는데도 답을 내놓아야 하는 경우가 많다는 것이다. 사고라도 나면 그 원인이 무엇이든 정부는 비난의 대상이 되기 일쑤다. 미리미리 살피지 못했다는 것이다. 이후 서둘러 나오는 정부의 대책은 화끈하기 그지없다. 확실한 대책을 내보이려다 보니 센 규제가 나오기도 한다. 사람들은 이런 정부의 새로운 규제로 이제는 더 이상 끔찍한 사고가 나지 않을 거라며 안심하며 박수를 보내지만 곧 너무 센 규제로 불편해진 일상에 불평하기 시작한다. 현실도 모르면서 정부가 과도한 규제를 만들었다느니 탁상행정으로 문제 해결은 하나도 못하면서 부담만 준다는 얘기가 여기저기서 나온다. 급히 규제를 만드느라 잘 모르는 일을 해결한다고 나섰기 때문이다.

규제는 문제의 발생, 과정, 해결이라는 각 단계에 따라 각각 투입규제, 관리규제, 성과규제로 구분할 수 있다. 성과규제란 규제로 달성하려는 목표를 규제로 삼는 것이다. 환경 보호를 위해 수질 오염 기준을 설정하는 것이 대표적이다. 미세먼지 기준을 정해 일정 수준 이하로 관리하는 강력한 규제를 만들어 적용할 수도 있을 것이다. 정부는 성과 기준이 달성되고 있는지 모니터링함으로써 수질이 깨끗한지, 미세먼지가 적정한지를 바로 알 수 있다. 이런 성과규제는 수질이나 대기의 안전 기준을 과학적으로 정확하게 정할 수 있을 때 유용하다. 이렇게 성과규제를 정해 놓으면, 하천 근처의 공장들은 어떤 방법을 쓰든지 정부가 제시한 대기나 수질 기준만을 충족하면 된다. 공장 경영의 자율성이 상대적으로 높다.

관리규제는 규제 목표를 달성하는 데 필요한 절차나 조치를 정하고, 이를 지키도록 요구하는 것을 말한다. 하천 오염 방지를 위해 오염 방지를 위한 관리 방안을 마련하도록 할 수 있다. 하천 주변의 공장은 규모도 다르고, 생산하는 제품도 다르며, 원료도 다르다. 무엇보다 공정이 다르고, 오염 배출량도 다르다. 이렇게 천차만별인 공장에는 일률적으로 특정한 어떤 시설이나 장치를 구비하도록 요구하는 것보다 공장이 알아서 자기에 적합한 오염 방지 방법을 마련하되, 정부가 전문 컨설턴트를 배치해 자문하고, 인정해 주고, 주기적으로 점검을 하는 것이 낫다. 그런데 이런 관리규제는 오염 물질 관리에 대한 개별 공장의 노하우를 인정해 주면서도, 정부가 알고 있는 오염관리의 절차나 방법론을 공장의 특성에 따라 적용할 수 있다는 점이 전제돼야 한다. 만약 정부가 오염관리에 대한 지식이 공장보다 적거나 부족하다면, 이런 관리 규제는 규제의 최종 목표인 깨끗한 수질 유지와 무관하게 공장에 불편함만 줄 수도 있다.

투입규제란 환경오염 방지에 필요한 장치, 시설, 인력, 생산 방법 등을 세세하게 정해 이를 준수하도록 요구하는 것이다. 공장의 종류나 규모, 성격과 무관하게 동일한 요구를 획일적으로 한다. 이런 규제가 만들어지면 공장에서는 특정한 재료를 사고, 장비를 마련하며, 인력을 고용해서 특정한 생산 방법을 적용해 제품을 만들어야 한다. 환경오염의 유발 요소를 원천적으로 봉쇄하기 때문에 가장 강력하게 대응할 수 있다. 폐수를 유발하는 재료나 생산 방법을 아예 쓰지 못하게 하고, 환경관리를 위한 전문 인력을 고용하도록 하고. 환경오염에 유효하다고 입증된 특정한 방법을 적용하도록 요구하면 좀 더 확실히 환경오염의 위험을 줄일 수 있다.

성과규제가 공장이 배출하는 폐수의 수질을 따지는 것이라면, 관리규제는 공장의 각기 다른 생산 과정을 존중하면서도 적절한 수질관리 절차나 방법을 요구하는 것이다. 반면, 투입규제는 하천 주변 공장에 제품 생산을 위해 사전적으로 구비해야 할 장치, 시설, 인력 등을 정하는 것이다. 그래서 투입규제는 성과규제나 관리규제에 비해 개인이나 기업의 자유를 가장 많이 제약한다. 정부의 개입이 더욱 세세하기 때문이다.

그런데 투입규제는 그 조건들이 규제 목표의 달성과 명확한 인과관계를 가져야 의미가 있다. 그렇지 않으면, 언뜻 생각하기에는 대기 오염, 하천 오염을 완벽하게 해결할 수 있다고 해서 도입한 투입규제가 상황이나 현실에 대한 고려 없는 불편함만 주는 규제가 돼 버릴 수도 있다. 환경관리를 위해 무조건 환경관리자를 일정한 수 이상 두도록 하는 것, 폐수관리를 위해서 특정한 시료를 반드시 사용하도록 하는 것이 과연 타당한지는 현장에서 흔히 제기되는 질문이다. 월 급여로 몇 백만 원을 추가로 부담해야 하는 환경관리자를 두는 것이 환경오염 방지에 실제로 도움을 주는 것인지, 정부가 지정한 시료보다 더 나은 시료가 개발돼 있음에도 이를 사용하지 못하게 되는 상황에는 어떻게 해야 하는지의 의문은 규제 현장에서 흔히 발생한다. 따라서 정부가 투입규제를 만드는 것은 그것이 문제 해결을 위해 정확하게 작동한다는 것에 대해 알고 있어야 한다는 것을 전제로 해야 가능하다.

■ 할 수 있는 것만 규제하자

초등학교 방학 첫날이면 늘 하던 게 동그라미에 하루 24시간을 표시해 놓고 계획표를 짜는 것이었다. 방학이니까 조금 늦게 8시에 일어나 밥 먹고, 10시부터 한 시간 정도는 공부를 하고, 오후에는 친구와 놀고, 방학 숙제를 하고, 저녁에는 일기를 쓴다는 것 등. 늘 비슷한 계획표를 만들 때는 엄청 신경을 써서 만들었다. 컴퍼스와 자를 동원해 정성스럽게 그리고, 엄마한테 물어가며 무엇을 할지 정하고, 약속까지 한 적도 있다. 그런데 이상하게도 이런 정성스런 계획들이 지켜진 기억은 드물다. 웬만한 아이가 아니면 방학 내내 계획표를 꾸준히 지키지 않았다. 계획이란 게 그대로 지켜지는 게 쉬운 일이 아니다.

정부도 마찬가지다. 모든 것을 할 수 있을 것 같지만 그렇지 않다. 특히 규제 집행에는 이런 한계가 명확하다. 어떤 일을 하든지 재원과 사람이 필요하지만 이런 조건이 늘 충족되지는 않기 때문이다. 어렵거나 할 수 없는 것을 규제하면 도입할 때는 모든 문제가 해결될 것처럼 보이지만, 조금만 지나면 해결된 것이 하나도 없다는 사실을 발견할 때가 많다. 사회 문제라는 게 규제 기준을 도입한 것만으로 해결되는 것이 아니고, 그런 규제가 적절히 집행돼 규제 대상의 행태나 의사 결정에 실질적인 영향을 미쳐야 해결될 수 있기 때문이다.

자전거는 가까운 거리를 이동하는 데 유용하다. 요즘은 운동으로 100km도 너끈하게 달리는 바이크족도 심심찮게 볼 수 있다. 예전과는 달리 자전거를 탈 때 헬멧을 착용하는 사람도 많다. 안전을 위해서다. 2018년 정부는 도로교통법을 개정해, 자전거를 탈 때 인명 보호장구 착용을 의무화했다. 전기자전거의 사용이 늘어나고, 도로 위 자동차와 섞여 다니면서 만든 규제다. 헬멧을 쓰면 충격의 강도가 성인은 8분의 1까지 줄어든다고 한다. 2012~2017년 통계에 따르면, 자전거 사고 중 머리 부상자는 38.4%다. 재미있는 것은 자전거 헬멧 의무화에 서울 시민들 88%가 반대한다는 것이다. 이런 탓인지, 정부 규제도 전기자동차가 아닌 일반자전거의 경우엔 헬멧을 쓰지 않아도 별도의 처벌은 없다. 규제 위반에 따른 처벌 규정이 없기 때문이다.

왜 그럴까? 자전거를 타는 상황이 천차만별이기 때문이다. 도로 위 자동차와 함께 다니는 때도 있지만, 한강둔치에서 가볍게 산책을 하는 경우, 집 앞 몇백 미터 앞 가게에 다녀오는 것, 장거리 자전거 운동을 위해 대여섯 시간 타는 경우 등등, 사람들이 자전거를 타는 장면은 각자 너무 다르다. 헬멧을 반드시 써야 할 경우도 있지만, 오히려 헬멧 착용이 번거로운 경우도 있다. 가볍게 산책용으로 타는 자전거엔 헬멧을 다 구비해 놓고 있지도 않다. 이런 자전거 타기에 헬멧 착용을 의무화하면 어떻게 될까? 규제 도입과 무관하게 사람들은 행태를 쉽게 바꾸지 않을 것이다. 오히려 정부에, 왜 헬멧 쓰는 것까지도 정부가 이래라저래라 하느냐며 따질 수도 있다. 경찰이 자전거 헬멧 단속하느라 쫓아다닐 수도 없는 노릇이고, 신고보상금이라도 도입하면 사람들이 온통 휴대폰 들고 다니며 서로가 서로를 찍고, 왜 알지도 못하는 사람이 사진 찍어대냐는 실랑이가 벌어질 수도 있다. 그래서 일반자전거에 헬멧 착용을 의무화하는 규제는 정부가 할 수 없는 것을 규제로 만든 예다.

물론 헬멧을 꼭 써야 하는 경우도 있다. 이건 자전거 이용자가 판단할 일이다. 예전과는 달리, 요즘은 위험하다 싶으면 사람들이 알아서 헬멧을 착용하고 다닌다. 아니면, 위험한 곳에서는 자전거 자체를 타지 않기도 한다. 무엇보다 자전거 헬멧 착용은 규제가 아니라 꾸준한 교육이 필요한 사항이다. 어릴 때부터 학교에서 자전거 타기를 교육시키고 헬멧 착용이 왜 중요한지, 어떤 상황에서는 헬멧을 꼭 써야 하고, 그 방법은 어떤지를 가르쳐서 헬멧 착용 문화를 만들어 가는 것이 바람직하다. 규제를 한다고 다 지키는 것도 아니고, 정부가, 공무원이 준수 여부를 다 체크해서 위반자를 적절히 처벌할 수 있는 것도 아니다.

■ 규제 집행, 예산을 마련하자

재정 없는 권한위임(unfunded mandate)은 중앙정부가 지방자치단체에 규제 권한을 부담시키면서 재정 지원은 하지 않는 것이다. 식품의약품안전처에서 식품안전 규제로 위생 기준을 정하고, 각 식당에 대한 위생검사에 대해서는 각 지방자치단체에서 수행하도록 하는 것, 교육부에서 각급 학원에 대한 운영 기준을 정하면서 그 점검 권한은 각 지방자치단체나 지방교육청에 위임하는 것, 문화재청에서 문화재를 지정하고 이들에 대한 관리 기준을 정해 놓고, 그것의 관리는 지방자치단체에 위임하는 것은 흔히 볼 수 있는 규제 권한의 위임 체계다.

그런데 중앙정부가 위임한 권한을 지방자치단체가 실제로 수행하기 위해서는 상당한 재정력과 행정력이 필요하다. 때로는 식품위생 기준과 같은 복잡하고 어려운 규제 기준을 이해하기 위한 고도의 전문가가 필요할 수도 있다. 각 지방자치단체마다 수만 개에 달할 수도 있는 식당에 대한 안전 점검에는 단순한 행정력을 투입한다 해도 상당한 인건비가 소요된다. 이런 상황에서 아무런 재정 지원 없이 중앙정부가 규제 기준만 만들고 그 집행은 지방자치단체에 위임하게 되면, 실제로는 아무런 규제가 작동되지 않는 현실이 초래될 수도 있다.

2021년, 지방자치법 개정안이 통과되면서 중앙정부 사무 중 자치사무로의 이양이 400여 건에 이를 전망이다. 그런데 이들 사무 중 상당수가 규제다. 교육부의 경제자유구역 내의 유치원과 외국교육기관 설립 승인 사무, 농림축산식품부의 낙농가가 생산한 원유 검사 사무, 여성가족부의 아동·청소년 성범죄 경력자의 관련 기관 취업 점검·확인 등이 대표적이다. 기관 승인 사무를 하려면 이를 꼼꼼히 처리하는 사무인력이 보강돼야 하고, 원유 검사를 위해서는 검사 인력과 장비가 필요하다. 성범죄 경력자의 기관 취업 점검을 위해서도 현장 점검 인력이 필요하다. 규제 집행에 필요한 이런 인력이나 장비의 보강은 궁극적으로는 재정이 수반돼야 하는 것이다.

　지방자치법 개정으로 인한 자치사무의 대폭 이양에도 불구하고 재정 보강이 없으면 지방자치단체는 규제에서 의도한 만큼 충분한 집행을 할 수 없게 된다. 이런 이유로 미국에서는 재정 없는 권한위임을 하는 경우, 그에 대해 적정한 재정 소요와 지방정부의 부담에 대해 사전에 평가를 하도록 제도화하고 있다. 세상의 문제를 다 해결할 것처럼 요란하게 도입된 규제가 정작 현장에선 이것을 집행할 인력과 재정이 없어 아무 것도 하지 못한 채 방치되어 있는 아이러니를 사전에 방지하기 위해서이다.

5
규제관리의 개혁을 원한다

■
■

■ 규제관리의 사각지대를 메우자

행정규제기본법 제2조의 제1항 제1호에는 정부의 규제관리 대상으로 행정 규제의 개념을 명시하고 있다. 국가나 지방자치단체가 특정한 행정 목적을 실현하기 위해 국민의 권리를 제한하거나 의무를 부과하는 것이 규제다. 이런 포괄적인 규정으로 국가의 규제관리 전체를 포섭할 수 있다고 생각하겠지만 현실은 다르다. 규제관리에서 제외된 부문이 있기 때문이다. 무엇을 해야 할까?

국회의원이 발의하는 의원입법에 대한 규제타당성 분석이 필요하다. 전안법과 민식이법에서 자세히 봤듯이 우리나라에서는 정부입법과 의원입법, 두 가지 방법으로 법률안 발의가 가능하다. 이 중 정부입법에만 엄격한 규재심사 장치를 두다 보니 국회의원이 발의한 법률안 제·개정이 폭발적으로 증가하고 있다. 법안 발의 건수가 국회의원 의정활동의 주요 지표가 되는데다, 부처에서 좀 더 용이하게 법률안을 통과시키려는 유인이 맞물린 이유 때문이다.

국회의 입법권은 입법부의 고유 권한이므로 국회의 자율재량에 속하는 사항이란 견해가 있다. 물론 헌법과 법률 이외에 입법부의 입법권을 제약하는 사전적인 장치를 도입하기 어려울 수 있다. 그러나 국회의 고유한 입법권이, 도입 과정에서 최대한 합리적인 규제를 도입해야 한다는 요구와 충돌하는 것은 아니다. 아니, 통과와 동시에 사회 전반에 보편적 영향을 미치게 되는 법률의 중요성을 고려한다면 입법 과정에서 최대한의 합리성을 따질 장치가 필요하다. 이를 위해 규제 법안의 경우, 비용과 편익이 얼마나 되며 실현가능성을 따져 봐야 한다. 의원입법에 대한 규제심사 도입을 내용으로 한 법안이 17대, 18대, 19대, 20대 국회에서 계속 발의됐지만 통과되지 못했다.

이 밖에도 각종 지원정책과 평가는 사실상 규제임에도 불구하고 규제관리의 대상에서 명시적으로 제외돼 있다. 행정규제기본법에 의한 규제가 아니기 때문이다. 흥미로운 건 2000년대 이후 지원정책과 평가가 광범위하게 도입됐으며, 이에 부수한 기준이나 조건이 규제로 작동되고 있다는 점이다. 정부 입장에서는 설계에 규제심사 등 복잡한 절차적 요구를 충족해야 하는 규제와는 달리, 재정지원에 부수하는 조건의 제시, 혹은 평가제도의 설계와 평가 항목의 설정을 통해 정책 목표를 달성하는 게 용이할 수도 있다.

이런 지원과 평가제도의 운영은 사실상 규제보다 정부의 영향력을 더욱 크게 만드는 경향이 있다. 지원과 평가 대상은 특정화가 매우 높고, 조건이나 기준이 미달될 경우, 지원의 철회, 평가 실패에 따른 불이익 등이 실질적이고 매우 가시적이기 때문이다. 그럼에도 불구하고, 이들 기준이나 조건의 설계에서는 지원정책이나 해당 평가의 타당성에 초점이 맞춰져 있으며, 이들이 실제로 대상 집단에 비용을 얼마나 유발하고, 실제로 작동 가능한 것인지에 대해서는 상대적으로 검토가 부족한 상태다.

이런 상황에서 대학재정 지원정책에 대한 평가 기준, 지방자치단체에 대한 평가 기준, 각종 사회적 기업에 대한 평가 기준, 어린이집 등 기타 교육기관에 대한 평가 기준, 사회복지기관 대한 지원 조건이 작동하고 있다. 따라서 이들 지원 조건이나 평가 기준이 행정규제기본법상 규제관리 대상에서 제외되는 것과는 상관없이 규제개혁의 관점에서 검토해 그 타당성을 따져 볼 필요가 있다.

최근 관심이 집중되고 있는 안전과 생명 관련 규제는 새로운 규제개혁의 성역이다. 세월호 사고, 마우나리조트 사고, 불산 유출 등 각종 사고가 발생하면서 안전과 생명과 관련된 규제는 규제개혁 대상에서 제외해야 한다는 주장이 등장했고, 이들 규제에 '착한 규제'란 새로운 이름을 부여하기도 했다. 그러나 이는 규제의 필요성과 규제의 실제 효과는 다른 것임을 이해하지 못한 결과다. 국민의 생명과 안전의 보호라는 명제는 정부가 당연히 수행해야 할 과제며, 이를 위한 규제는 당연히 필요하다.

그런데 생명과 안전에 대한 규제가 필요하다는 사실만으로 이들 규제가 합리적이어서 개선할 필요가 없다는 것은 아니다. 생명 혹은 안전과 관련된 규제는 그 필요성에 대한 강력한 요구로 인해 비용이나 편익, 실현가능성에 대한 검토가 상대적으로 부족한 상태에서 급히 도입될 가능성이 높으며, 특정한 이해집단에 높은 비용 부담을 가하면서 실효성을 담보하는 경우가 많다. 따라서 생명과 안전 관련 규제라도 그 타당성에 대한 검토는 반드시 수행할 필요가 있다.

정부가 정한 불합리한 규칙을 개선하는 데 예외가 있어서는 안 된다. 적어도 규제개혁이 정부에 의해 발생되고 있는 민간 부문의 부당한 불편과 비용을 덜어 주는 데 있다면 그 대상은 모든 정부활동에 대해 이뤄지는 것이 맞다. 따라서 규제개혁 사각지대를 규제관리의 영역 내로 옮겨오는 노력은 규제개혁을 추진하는 것보다 더 중요한 일이다. 정부가 아무리 규제개혁에 열심이어도 여기에서 제외되는 명백한 규제들이 많다면 그 효과가 반감될 수밖에 없다.

■ 규제관리의 독립성과 전문성을 강화하자

규제관리의 독립성은 제대로 된 규제개혁의 선결 조건이다. 규제관리에서는 정치적인 영향력을 최소화하고 규제의 필요성, 규제의 효과와 사회적 영향력에 대한 분석, 더 나은 규제의 가능성에 대한 최대한의 객관적인 판단이 이뤄질 수 있어야 한다.

지금까지 소개한 무수한 규제 사례에서 확인할 수 있는 사실 한 가지는 규제가 수많은 사람의 이해관계의 망 속에 존재한다는 것이다. 도입 당시 법령의 형식으로만 존재하던 규제가 한번 만들어지면, 그런 규제 기준을 근거로 공사를 시작하고, 근로자를 모집하며, 기술 투자, 마케팅과 같은 영업도 도입하게 된다. 이것은 경쟁 업체도 마찬가지다. 규제를 믿고, 앞으로 2~3년 후에 본격적으로 사업을 추진할 준비를 하는 잠재적 기업도 있을 수 있다. 공무원은 규제가 정해 놓은 기준에 따라 기업이 해야 할 일과 하지 않아도 될 일을 판단하고, 필요한 경우 보조금과 같은 재정 지원을 결정할 수도 있다.

결국 규제 기준의 변화는 누군가에게는 이익이 되고, 누군가에게는 부담이 된다. 명백하게 불합리한 규제를 개선하는 데도 여기에 극렬하게 반대하는 이해당사자가 있을 수도 있다. 규제가 보호하는 이익을 향유하며, 오랫동안 생업을 해 온 사람들에게는 규제 변화가 달가울 리가 없다. 도매시장법인은 농안법 구조 속 30년이 넘게, 비교적 안정적으로 사업해 왔다. 이런 구조를 바꿔 농산물 유통을 다변화하고, 도매시장 내에서 산지로부터의 수매와 소비자에게 직접 판매까지 하는 시장도매인과 같은 새로운 유통 주체를 도입하게 되면, 도매시장에도 경쟁 구조가 만들어진다. 하이에크(Friedrich August von Hayek)가 말했듯이 경쟁은 새로운 발견을 낳지만, 정작 경쟁을 하는 당사자는 좋을 리 없다. 경쟁이 없는 게 경쟁이 있는 것보다 편하고 안전하기 때문이다.

이 지점에서 규제관리는 강력한 정치의 대상이 된다. 규제로 이익을 보던 사람들은 규제의 존속을, 부담을 느끼던 사람들은 규제의 개선을 요구한다. 이 과정에서 각각 다른 철학과 이념을 가진 정치인이 참여한 논쟁으로 확대될 수도 있다. 자칫하면, 이 과정에서 규제가 자유를 보장하는지, 시장경제의 기본인 경쟁을 존중하는지, 특정한 사람에게 특혜를 주는 것은 아닌지와 같은 합리적 규제를 점검하기 위한 기본적 체크리스트를 놓쳐 버릴 수도 있다. 이런 정치의 장에서는 거래와 타협이 흔하게 이뤄지며, 이 과정에서 모두에게 공정하게 적용돼야 할 규제가 특정 집단을 위한 규제로 변질되거나, 반드시 개선돼야 할 규제임에도 존속될 수도 있다. 그래서 규제관리 기관의 독립성은 최대한 보장돼야 한다.

규제관리의 독립성이 필요한 것은 정치적인 영향에 따른 왜곡된 규제관리가 이뤄질 가능성을 배제하는 것이기도 하지만, 장기적으로는 규제관리에서 정부의 권위와 신뢰를 구축하는 방법이기도 하다. 이렇게 정부의 규제에 대한 판단이 이해관계와 정치적인 영향에서 독립한 것이라는 신뢰가 이뤄지면, 칸막이 규제와 같은 좀 더 어려운 규제 개선 수요에도 한층 더 적극적으로 대응할 수 있다.

한편 규제관리를 위해서는 생각보다 높은 전문적인 능력이 필요하다. 규제의 비용과 효과를 꼼꼼히 따져 볼 수 있는 분석 능력을 갖춰야 하고, 규제를 둘러싼 이해관계의 복잡한 생태계를 이해하면서도 규제가 갖춰야 할 기본 원리에 대한 이해에 기반한 해석이 가능해야 한다. 규제 변화로 인한 동태적인 양상도 추정할 수 있어야 한다.

부동산 규제나 시간강사법, 블라인드 채용 규제 사례에서 이미 봤듯이 당장 지금의 문제를 해결하겠다며 도입한 수많은 규제가 시간이 지남에 따라 아무것도 해결하지 못한 채 골칫거리로 전락한 경우가 많다. 이것은 사람들의 규제 회피나, 관료나 공무원의 위험 기피 행위에 대한 고려가 부족했기 때문이다. 규제 도입 과정에서는 규제 집행에 필요한 자원과 능력을 정부가 충분히 가지고 있는지 점검하기 위한 분석 능력도 필요하다. 무엇보다 규제 관리의 과정은 이해 상충에 대한 설명과 조정이 필요하고, 경우에 따라서는 갈등의 관리도 필요한 영역이다. 이들 분야 역시 매우 전문성이 필요한 영역임은 물론이다.

이렇게 규제관리의 전문성을 확보하기 위해서는 규제관리를 위한 독립적인 기관이 필요하다. 공무원들이 입직 단계에서부터 규제개혁이라는 경력경로를 밟아서 그 성과에 따라 승진하는 구조를 만들어야 한다. 이렇게 되면, 우리나라 정부에서 관료들이 전문성을 가지는 데 장애 요소인 순환보직의 부작용을 타파할 수 있다. 오히려 관료들은 규제분석과 규제 발굴, 규제민원의 해소, 규제개혁위원회의 운영 등의 다양한 보직을 거치면서 규제개혁에 전문성을 갖춘 관료로서의 생애 경로를 쌓을 수 있게 된다. 자연스럽게 정부 내에 규제개혁 친화적 관료집단이 형성될 수 있다. 이들은 규제를 활용해 이런저런 사회 문제를 해결해 보겠다는 보통의 정부부처와는 정반대의 규제에 대한 관점을 가진 이들이다. 규제 친화형 관료 일색인 정부 내에 규제개혁 친화적인 관료가 있는 것만으로 이 둘 간의 견제와 균형이 작동해 문제투성이인 규제 형성을 좀 더 체계적으로 제어할 수 있을 것이다.

■ 규제 칸막이를 철폐하자

칸막이 규제의 개선은 대청소를 하는 것과 같다. 정부는 기존 규제의 틀을 유지하면서 4차 산업혁명이 요구하는 수준의 품질 높은 규제를 만들어 관리할 수 있을까. 혹시 가능할지라도 가구를 늘어놓고 고생고생 청소하는 두 배의 고단함은 계속될 것이다. 침대를 들어내고, 밑에 쌓인 먼지를 싹

닦아 내면 될 것을 고개와 허리를 숙여 청소기를 침대 밑으로 손까지 넣어 먼지를 훔치고 걸레로 닦아 내야 하는 것이다. 그런데 이런 식으로는 그때그때의 땜질식 대응이 가능할지는 모르겠지만 여전히 근본적인 규제개혁은 힘들다.

우리나라에서는 어느 정부든 규제관리를 안 한 적은 없다. 1980년대엔 행정쇄신위원회도 있었고, 1998년부터는 규제개혁위원회를 설치했다. 김대중 정부는 규제기요틴, 그야말로 규제를 단두대에 올려 절반의 규제를 없앴다. 노무현 정부에서도 중소기업 고유업종 같은 보호 규제가 폐지됐으며, 이명박 정부에서도 미국 발 서브프라임 모기지 사태(Subprime Mortgage Crisis)로 비롯된 경제 위기에 대응하려 한시적 규제 유예라는 수단을 개발해 기존 규제 일부의 효력을 정지시켰다. 박근혜 정부는 불합리한 규제를 손톱 밑 가시처럼, 성가시고, 심하게는 암덩어리처럼 국가경쟁력을 갉아먹는 것으로 인식해 규제와의 전쟁을 치렀다.

이렇게 계속했으면 우리나라 규제 품질이 상당히 높아야 할 것 같은데, 국제적인 평가는 여전히 인색하다. 2019년 세계경제포럼(World Economic Forum)의 조사에 따르면, 우리나라의 정부 규제 부담은 141개 국가 중 87위였다. 스위스 국제경영개발대학원이 발표한 지수에 따르면, 2019년 전체 63개 국가 중 기업 규제는 50위였다. 이 정도 수치면 그동안 정부가 바뀔 때마다 규제개혁을 한다며 그렇게도 관료를 괴롭혔던, 국민에게는 금방 좋은 나라가 될 거라고 난리법석을 떨었던 노력들이 무색한 수준이다. 규제관리의 효율성이 낮은 이유는 칸막이 규제의 더딘 개선에도 원인이 있다.

우리나라에서 공유민박이 어려운 것은, 숙박업을 보건복지부의 공중위생

관리법, 농림부의 농어촌정비법, 문화체육관광부의 관광진흥법이라는 세 개나 되는 칸막이로 구분하고 있기 때문이다. 건설산업기본법에 따르면, 건설공사는 토목공사, 건축공사, 산업설비공사, 조경공사, 환경시설공사, 그 밖에 명칭에 관계없이 시설물을 설치·유지·보수하는 공사 및 기계설비나 그 밖의 구조물의 설치 및 해체 공사로 규정하고 있지만 전기 공사, 정보통신 공사, 소방시설 공사, 문화재 수리 공사는 건설 공사에 포함시키지 않고 있다. 이렇게 건설 공사를 각각 다르게 정의하고 규정하게 되면, 각각의 공사에 따라 별도의 자격이 필요하게 되며, 이들 자격이 각 업역을 가르는 칸막이가 된다. 이런 구조 속에서는 스마트 송전 체계의 구축과 같이 정보통신기술과 전기기술, 토목 공사가 융합된 새로운 사업의 추진이 더뎌진다.

'타다' 논란도 마찬가지다. 택시와 버스, 지하철로 엄격하게 구분된 우리나라의 공공여객운송사업 체계는 다른 나라에서는 활발하게 운영 중인 우버와 같은 서비스를 시작할 수 없게 만들 뿐만 아니라, 최근 '타다'와 관련한 논란에서 보듯, 렌트카를 활용한 운송사업도 불가능하게 만들고 있다. 물론 이런 칸막이 규제가 개선되지 않은 것은 이유가 있다. 칸막이가 보호하던 업역 내의 이해관계자들에게는 규제 개선이 생존권을 위협할 수 있을 정도의 어려움을 유발할 수 있기 때문이다. 정부가 칸막이 규제의 개선 수요를 인식함에도 불구하고 좀 더 적극적으로 나서지 못하는 것도 이 때문일 것이다. 그러나 칸막이 규제를 개선하지 않고서는 우리나라의 규제개혁은 지금까지와 같은 답답함을 지속할 가능성이 높다.

매일 청소하지만 청소할 거리가 생기는 건 늘 쌓이는 먼지 때문이기도 하지만, 한번은 가구를 치우고 대청소를 해서 말끔히 정리해야 할 것을 하지 않은 때문이다. 거실과 방에 늘어놓은 침대와 화분, 의자와 소파, 탁자를 그대로 두고 요리조리 피해 가며 청소기를 밀고, 코너마다 쌓인 먼지를 닦아 내는 데는 힘도 많이 든다. 이런 노력에도 불구하고, 가구를 치우지 않고 그냥 두고서는 청소 후 개운하기 힘들다. 구석구석 쌓여 있는 먼지를 모두 깨끗하게 정리할 수 없다. 그래서 칸막이 규제를 개선하지 않고, 규제관리를 하는 것은 일은 하는데 효과는 신통치 않은, 즉 힘들게 청소는 하는데 여전히 깨끗하지는 않은 찜찜함을 남기는 것과 같다. 여기 두 땅이 있다. 칸막이가 많은 땅과 그렇지 않은 땅, 어느 곳을 청소하는 게 더 쉬울까? 청소 후 어디가 더 깨끗해질까?

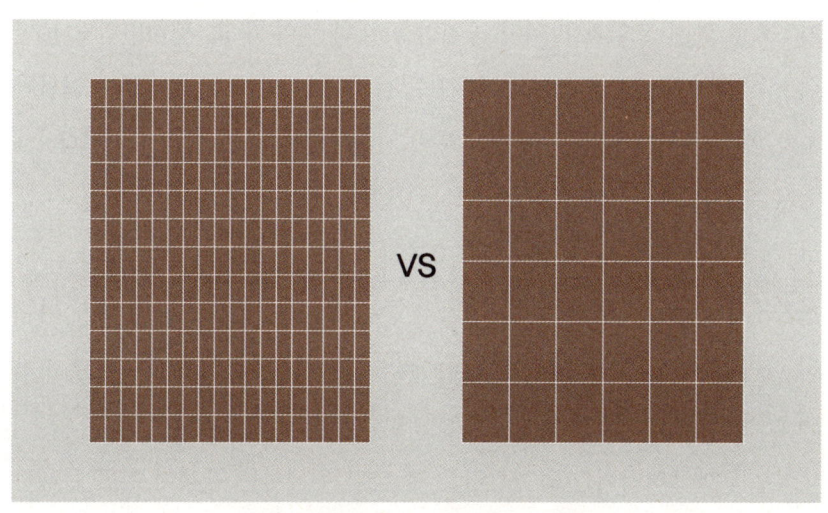

두 칸막이 방 중에 어디가 청소하기 쉬울까?

■ 규제 애로, 적극적으로 듣자

　규제를 만든 정부는 그 품질에 대해 무한책임을 져야 한다. 우리가 텔레비전이나 냉장고를 살 때, 굳이 더 비싼 돈을 내고 삼성이나 LG 제품을 선택하는 것은 품질에 대한 믿음과 브랜드 가치에 대한 평가도 있지만, 이들 회사의 제품이 애프터서비스가 뛰어나기 때문이기도 하다. 규제도 마찬가지다. 좋은 국가일수록 자신이 만든 제품인 규제에 대한 사후관리도 잘 한다. 무엇보다 국민에게 불편을 주는 규제를 개선하는 것은 규제를 만든 정부의 의무다.

　더구나 아무리 훌륭한 규제라도 시간이 지나면 개선할 필요가 생긴다. 어떤 제품이든 쓰다 보면 고장도 나고 자잘한 정비도 필요하다. 자동차는 주기적으로 엔진 오일과 타이어 공기압을 채워 줘야 하고, 텔레비전도 10년이 넘어가 오래되면 손볼 데가 생긴다. 늘 손에 쥐고 있는 휴대폰도 마찬가지다. 2년쯤 쓰면 짧아진 배터리 충전 시간부터 신경 쓰이기 시작한다. 그래서 물건을 파는 것만으로 만족하는 기업은 절대로 좋은 기업이 될 수 없다. 제품을 만들어 판 이후에도 품질관리에 신경을 써야 좋은 기업이다. 마찬가지로 규제 개선을 잘 하는 국가가 좋은 국가다. 실제로 도입 당시 아무리 합리적인 규제라도 시간이 지나 상황이 변하면 불합리함이 나타날 수밖에 없기 때문이다. 규제의 불합리성은 민간 도처에 존재한다.

　정부가 애프터서비스 규제관리를 잘 하기 위해서는 규제에 어떤 문제가 있는지 알아야 한다. 규제를 만들어 집행하는 정부와 그런 규제의 적용을 받는 국민이나 기업 중 규제의 문제를 더 잘 아는 쪽은 당연히 국민이나 기업일 수밖에 없다. 기업이 아무리 좋은 기능을 가진 휴대폰을 출시해도 그런 기능이 쓸 만한 건지, 불편한 건지는 사용자만이 알 수 있는 것과 마찬가지다. 이처럼 민간은 실제 규제가 어떤 경우에는 제대로 작동하고 다른 경우에는 작동하지 않는지 분명히 안다. 때로는 어떻게 개선해야 할지도 안다. 그래서 규제관리를 잘 하기 위해서는 무엇보다 현장의 규제 애로를 잘 들어야 한다. 모양만이 아닌 제대로 적극적으로 들어야 한다.

신문고의 설치는 백성들의 고충을 잘 듣겠다는 것이다. 조선시대에는 궁궐에 북을 설치해 할 말이 있으면 치게 했다. 민본정치의 상징을 신문고에서 찾는 이유다. 그러나 신문고가 어디 있었는지 아는 사람은 별로 없다. 당연히 궁궐 정문 앞에 있었을 거라 여긴다. 그런데 아니다. 신문고는 창덕궁 정문인 돈화문을 지나, 금천교를 넘어 진선문 앞에 있었다. 여기에 문제가 있다. 조선시대, 임금이 사는 궁궐 정문을 넘어 진선문까지 가서 억울하

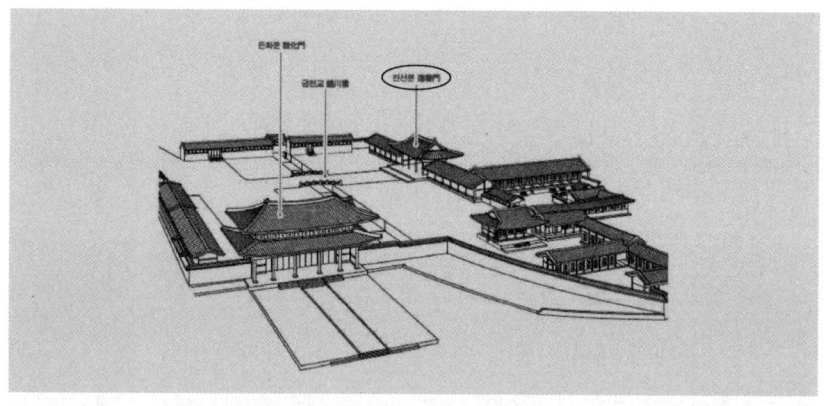

출처: 창덕궁 가이드북.

궁궐 중문에 위치해 백성이 치지 못하게 되어 있었던 신문고

다며 신문고를 칠 수 있는 사람이 몇이나 있었을까? 당연히 신문고는 아무나, 아무 때나 칠 수 있는 게 아니었다. 의금부, 관찰사의 허가증이 있어야만 했다. 조선시대 신문고는 잘 듣겠다는 게 아닌, 백성을 위하는 척하는 쇼의 상징일 뿐이다. 역모가 있을 때나 조선의 국기인 유교적 가치에 어긋난 부모에 대한 하극상 정도만이 신문고를 자유롭게 칠 수 있는 이유였다.

좋은 기업이 애프터서비스 품질관리를 잘 하는 방법은 소비자가 쉽게 서비스센터에 전화하고 찾아오게 하는 것이다. 서비스센터에 가면 고장 난 물건을 고칠 수 있다는 믿음이 있어야 하고, 서비스센터를 찾아가는 데 어려움도 없어야 한다. 전화를 하면 친절하게 안내해 주는 센스도 필요하다. 규제의 불편을 듣는 것도 마찬가지다. 불편을 적극적으로 들어 해결한다는 신뢰를 만들어야 한다.

이렇게 정부가 규제 개선에 적극성을 보이면 민간이 적극적으로 규제 애로를 제보하게 되고, 이는 다시 정부의 규제개혁 실적을 높이는 선순환으로 이어질 수 있다. 생각보다 민간은 정부의 규제개혁 의지에 민감해서, 열심히 규제를 개선하겠다는 시그널을 주는 것만으로 정부가 알아채지 못했던 규제 애로가 쏟아진다. 정부와 민간 사이 규제개혁에서의 이상적 역할을 굳이 정해 보자면, 민간은 규제 발굴, 정부는 규제 개선에 주력하는 것이다.

규제 애로를 적극적으로 들어야 하는 이유는 많다. 규제를 만들어 집행하는 쪽에 있는 공무원은 그런 규제의 적용을 받는 민간인, 회사, 기관, 조직이 느끼는 규제의 애로 사항을 좀처럼 알기 힘들기 때문이다. 정부는 규제가 필요하다는 입장에서 도입하고 관리하기 때문에 현장에서 일부 부작용이나 애로가 있더라도 규제를 지속시키려 할 수도 있다. 동사무소에 가면 민원인은 금방 무엇이 불편한지 알 수 있다. 서류가 복잡한지, 불친절한지, 직원이 업무를 잘 아는지 모르는지도 금방 안다. 의외로 동사무소의 공무원은 민원인이 금방 알아차리는 일에 무디다. 민원인이 너무 불편해 하는 일에도 공무원은 필요하다는 논리를 쉽게 만들 수도 있다. 현장의 규제 애로를 적극적으로 듣지 않고 사무실 책상에 앉아서는 민원인의 불편을 도저히 알 수 없다.

규제개혁 시즌이 돌아오면, 위에서 내려오는 규제개혁 과제 발굴 숙제하느라 관할 지역 내 기업이나 국민에게 규제 불편을 얘기해 보라는 일회적인 쇼로는 되는 일이 아니다. 꾸준히 해야 한다. 기업이나 국민이 규제 애로에 대해 쉽게 얘기할 수 있고, 그 처리 상황에 대해서도 알 수 있어야 한다. 재미있는 것은 규제관리에서 관료를 제일 힘들게 하는 것이 바로 불합리한 규제의 발굴이란 점이다. 규제 개선을 세게 드라이브할 때마다 각 부처나 지방자치단체에 규제 개선 실적을 내라는 요구를 받는다. 규제 개선은 그 실적에 따라 매년 평가를 받게 되니, 신경을 써야 하는 일이기도 하다. 그런데 중앙부처나 지방자치단체, 공무원의 규제 개선 실적은 불편한 규제가 무엇인지를 확인하는 일부터 시작할 수밖에 없다. 무엇이 개선 대상인지, 무엇이 불합리한지도 모르면 규제 개선의 프로세스조차 시작할 수 없는 것이다.

■ AI시대, 혁신적인 규제관리를 하자

규제도 AI시대다. 인공지능을 규제관리에 도입하면 훨씬 적은 비용으로 훨씬 좋은 규제를 만들 수 있고, 일반 국민도 규제 부담을 줄일 수 있다. 우리는 이미 정보화 초기, 연말정산 간소화 서비스를 도입해 획기적 규제혁신에 성공한 경험이 있다.

2016년 10월, 프랑스에서는 디지털공화국법이 공포됐다. 디지털공화국법은 4차 산업혁명 시대, 미래 사회의 자유, 평등의 규범, 데이터의 유통과 혁신, 경제 성과와의 조화를 고민한 프랑스의 미래 제도를 규정할 중요한 법이다. 흥미로운 것은 이 법의 제정 과정이다. 디지털민주주의로 일컬을 만한 혁신적 시도가 있었기 때문이다. 프랑스에서는 이 법률을 위해 5천 명의 시민과 기관으로부터 1만 7,678건의 의견을 수렴했다. 기계분석과 데이터분석을 적용해 이들 의견을 분석해 법안에 반영했다. 몇 명의 공무원이나 전문가의 능력으로는 불가능한 막대한 자료 처리 방법을 활용한 것이다. 각 법률 조항에 대해서는 2만 명 이상의 시민, 기업, 기관이 참여 14만 7천 건의 투표가 실시됐다. 동시에 8천여 건의 대안도 접수됐다. 전통적인 사무관리 방식으로는 불가능한 일을 한 것이다. 규제의 대부분은 법령을 만드는 데에서 출발한다. 우리나라에서도 규제를 만들때 최대한 많은 의견을 들어, 처리하면서도 효율적으로 할 수 있는 프랑스의 방법론을 고려할 시점이다.

인공지능을 활용하면 규제타당성 검토의 핵심 기법인 규제영향분석도 좀 더 스마트하게 할 수 있다. 규제의 대상 집단을 추정하게 하고, 영향 산업 분야를 확정해 각 분야의 인력, 생산성, 기술 등에 대한 영향을 분석하는 것은 과거에는 관련된 모든 자료를 연구원의 수작업으로 수집했다. 그러나 정부의 빅데이터를 통합하고 시스템을 갖추면, 규제영향분석에서 가장 고민

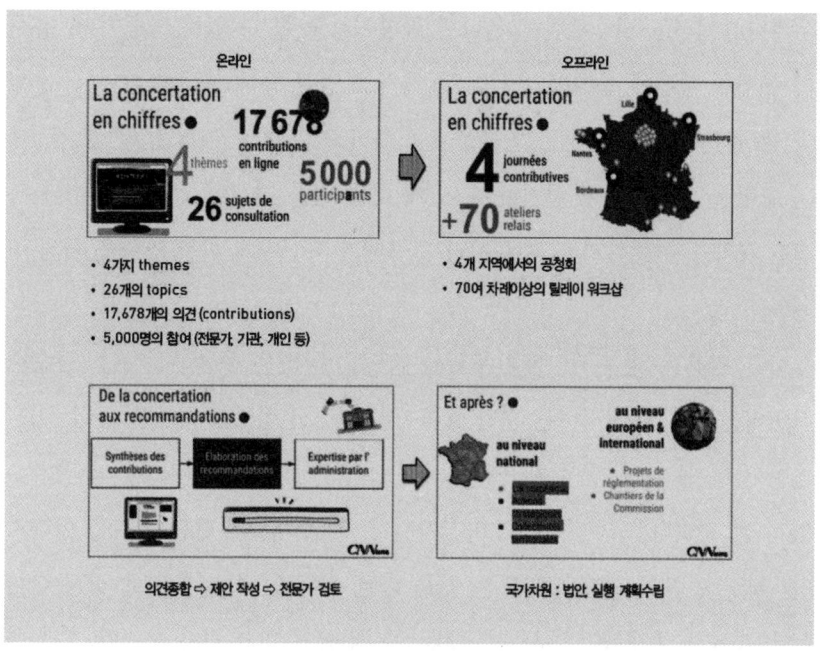

출처: 소프트웨어정책연구소(https://spri.kr/posts/view/21672?code=industry_trend).

프랑스 디지털 공화국 1차 의견 수렴 과정(2014. 10 ~ 2015. 2)

이 되는 영향의 범위와 정도를 효율적이면서도 정확하게 추정할 수 있다. 몇 개의 핵심 조건을 변화시키는 것만으로 다양한 시나리오 분석도 가능하다.

무엇보다 중복 규제의 사전 식별과 같은 규제 도입 시, 그 필요성을 점검하는 사전작업도 편리하게 할 수 있다. 2017년, 딜로이트(Deloitte Consulting)는 미국 연방법전(US Code of Federal Regulations)의 규제 21만 7천여 개 섹션을 텍스트 마이닝으로 분석해, 18만여 섹션이 중복임을 밝혀 내기도 했다.

우리나라에서도 시스템만 갖춘다면 금방이라도 할 수 있는 방법이다. 유사한 규제를 사전에 통제하기만 해도, 규제로 인한 중복 부담이 줄어들 수 있다. 뉴질랜드는 이미 모든 법률을 코드화하고 있다. 규제의 논리, 요건, 예외 조항을 인공지능이 인식할 수 있게 하면 법률 지식이 없는 사람이나 복잡한 규제를 이해하기 어려운 사람도 규제가 자신에게 미칠 영향을 쉽게 이해할 수 있다.

AI를 활용한 정부 내 행정 부담을 줄이는 방법은 무궁무진하다. 단순히 데이터를 집적해 처리하는 것만 효율이라 여겼던 정보화 시대를 넘어, 머지않아 정부 규제 및 행정 처리에 대해서도 챗봇(chatbot) 서비스를 제공할 수 있게 될 것이다. 규제 집행도 마찬가지다. 지금까지는 현장 점검을 한다지만, 행정 인력의 제약으로 모든 곳을 다닐 수도 없고, 무작위로 정해 다니는 비효율도 존재했다. 뉴욕시 소방국은 30만여 개의 빌딩 중 5만 개만 현장 점검한다. 소방국과 시 건축과, 환경과 등에 산재한 데이터를 통합해 화재 위험에 취약한 빌딩을 스크린한 결과다. 2015년에는 화재 사고 사망자가 없었다. 1916년 이후 96년 만의 일이다.

이 모든 것을 가능하게 하려면 정부는 지금부터라도 행정, 규제 데이터의 처리 시스템을 체계적으로 갖추는 데 투자해야 할 것이다. 그리고 규제관리는 이런 데이터 처리 인프라의 고도화를 통해 훨씬 스마트해질 수 있을 것이다.

에필로그

민간의
문제 해결을
믿어야 한다

에필로그

민간의 문제 해결을
믿어야 한다

"정부 없이 살기는 힘들지만, 정부와 함께 사는 것도 힘든 일이다." 역사상 국가와 정부는 늘 중요했고, 앞으로도 그럴 것이다. 규제라는 정책 수단 역시 마찬가지다. 규제는 돈이 들지 않는 정책 수단이라고 한다. 아무리 가난한 국가라도 규제는 있다. 고속도로, 철도 건설과 정비도 제대로 못할 지경인 북한이지만, 규제만 보면 우리보다 오히려 많고, 강한 것도 같다. 어떤 정부든 규제, 즉 국민의 자유를 제한하는 방식으로 사회 문제를 해결하려 한다.

물론 자유라는 게 모든 것을 마음대로 할 수 있다는 것은 아니다. 다른 사람에 피해를 줄 정도의 자유는 당연히 금지될뿐더러, 공동체 전체의 이익을 위해서라면 개개인의 자유라도 양보가 필요하다. 아무리 바쁜 일이 있어도 빨간 신호등에는 멈춰 서는 것이 왜 필요할까. 차가 안 와서 누구에게 피해를 주는 것도 아니고, 자칫 중요한 회의에 늦어 큰 손해를 겪을 수도 있지만, 빨간 신호등이라는 절대적 금지의 영역을 국가는 정해 놓고 규제한다. 그리고 우리는 이런 규제가 타당하고 합리적이라 여긴다. 어떤 이유든 빨간 신호등에 무단 횡단을 하면 과태료를 매긴다.

그렇다면, 정부가 모든 횡단보도에 빨간 신호등을 설치해 규제하는 것은 어떨까. 아무리 교통안전이 중요하고, 급작스런 사고를 미연에 방지하는 것도 중요하며, 도로 교통의 원활한 흐름을 약속하는 것도 중요하다지만, 이런 과감한 아이디어에 동의할 사람은 생각보다 적을 것이다. 실제로 이런 일이 일어나지도 않겠지만 만약 어떤 지방자치단체가 교통 안전을 확실하게 하겠다며 실천에 옮기면 어떻게 될까. "아니 왜 정부가 온통 신호등을 설치해 놓고 난리지. 너무 불편하게"라는 불평이, "맞아 정부가 참 일을 잘해"라는 칭찬보다 더 많을 것 같다. 세상엔 횡단보도도 없는 도로, 횡단보도만 있는 도로, 횡단보도에 더해 신호등까지 있는 도로 모두가 있는 것이 훨씬 자연스럽다.

왜 그럴까. 사람들은 정부의 문제 해결 능력을 신뢰하고 기대하지만, 내가 스스로 판단하고 알아서 할 부분에까지 슬슬 넘어오기 시작하면 짜증스러워하기 시작한다. "아니 왜, 내가 알아서 할 건데 별 걱정이셔" 어른이 되고 나서, 부모님의 잔소리가 못마땅했던 적이 있을 것이다. 모든 도로에 온통 신호등을 설치해 두면, 차도 별로 안 다니거나 일방통행의 아주 좁은 길처럼 차가 오는지 알아서 살펴가며 다녀도 아무 문제가 없을 도로를 다니는 데 더 불편해진다. 시간이란 누구에게나 중요한 자원이다. 그리고 사람들은 이런 시간이라는 자원을 자기 마음대로 사용한다. 사람들이 왜 내가 운전할 때마다, 길을 걸어다닐 때마다, 내가 내 시간을 사용하는 데 정부가

에필로그

간섭해야 하는지 궁금해지는 순간이 온다면, 바로 이 지점이 정부가 너무 많이 개입한 것이다.

그래서 신호등이 있는 횡단보도보다 없는 곳이 훨씬 많은 것도 당연하다. 온 동네가 신호등으로 누더기가 된 사회를 사람들이 받아들이지 않을 것이기 때문이다. 이렇게 해서 사고가 영(0)이 돼 좋은 세상이 됐다고 정부가 주장하면 어떨 것 같은가. 누군가 이런 말에 수긍할지도 모르지만 횡단보도마다 설치된 신호등 모두를 지키지 않는 자신을 곧 발견하게 될 것이다. 작은 길 건너 상가 내 마트에 갈 때, 신호등을 따르기보다 차가 오는지 잠깐 살펴보고 금방 건너갔다 온 기억이 있을 것이다. 이런 상황이라면 약간의 사고 위험을 무릅쓰고, 자신의 자유를 선택하는 것이 더 낫다. 원래 위험의 영역은 그것이 재수가 없건 실수이건 간에 자기 책임의 영역이고, 정부는 정말 안전해야 할 도로나 횡단보도를 잘 선택해서 사회 전체로 봐서도 안전이 담보돼야 하는 데를 잘 정해 신호등을 설치하면 된다.

정부는 민간 스스로의 문제 해결 능력을 믿어야 한다. 세상은 온통 문제 투성이 같지만 사람들은 생각보다 스스로 문제 해결을 잘 해 낸다. 지난 세기 민주주의와 시장경제의 철학적 토대를 세운 포퍼(Karl R. Popper)는 『삶은 문제 해결의 연속이다』에서 "모든 생물은 실력이 좋건, 나쁘건 간에 문제 해결의 전문가"라고 놀라워했다. 우리가 보는 작은 개미 한 마리도 문제 해결에 실패만 했다면 살아남지 못했을 것이기 때문이다. 사람도 마찬가지다. 복잡한 도로에 언제 어떻게 건너다니면 가장 좋을지 스스로 잘 판단하고 있는 수많은 사람들의 자율적 문제해결 능력이 횡단보도마다 신호등을 설치하는 것을 필요없게 만들고 있는 것이다.

  그런데 사람들이 신호등을 설치하지 않아도 교통 질서와 안전이 유지되는 이 놀라운 문제 해결 능력은 잘 보이지 않는다. 한번 물어보자. 정부의 신호등 규제와 사람들의 자율적 문제 해결 능력, 과연 어느 힘이 더 중요하고, 먼저일까. 우리나라엔 신호등 있는 횡단보도보다 신호등 없는 횡단보도가 더 많다. 그래도 사람들은, 차는, 어제도, 오늘도, 내일도 잘 다닌다. 그래서 신호등이 없는 횡단보도에서 사고가 났다며 이제 모든 횡단보도에 신호등을 설치하자며 나서는 정부, 관료, 국회의원이 있다면 사람들이 얼마나 똑똑한지를 잘 모르는 사람들이다.

  역설적으로 정부 규제를 정확히 이해하려면 정부가 아닌 개인의 자율적 문제 해결 능력이 얼마나 중요한지를 정확하게 이해해야 한다. 그게 합리적이고 똑똑한 규제와 함께 잘사는 방법이다.

[저자 소개]

이혁우

배재대학교 행정학과 교수다. 고려대학교 영어영문학과를 졸업, 서울대학교에서 행정학 박사학위를 취득했다. 워싱턴대학교에서 방문학자로 연구했으며 한국규제학회 연구위원장, 부편집위원장으로 봉사했다. 규제개혁위원회 전문위원을 거쳐, 국토교통부, 식품의약품안전처, 산림청, 문화재청, 특허청, 관세청, 충청남도 등 여러 정부부처의 규제개혁위원회 위원으로 정부의 규제관리 실제에 다양하게 참여했다. 저서로는 The Experience of Democracy and Bureaucracy in South Korea(공저), 『민주주의는 만능인가』(공저), 『실패한 정책들』(공저), 『함께 못사는 나라로 가고 있다』(공저), 『규제관리론』(근간) 외 다수 논문과 저서가 있다(hwlee@pcu.ac.kr).